I0153749

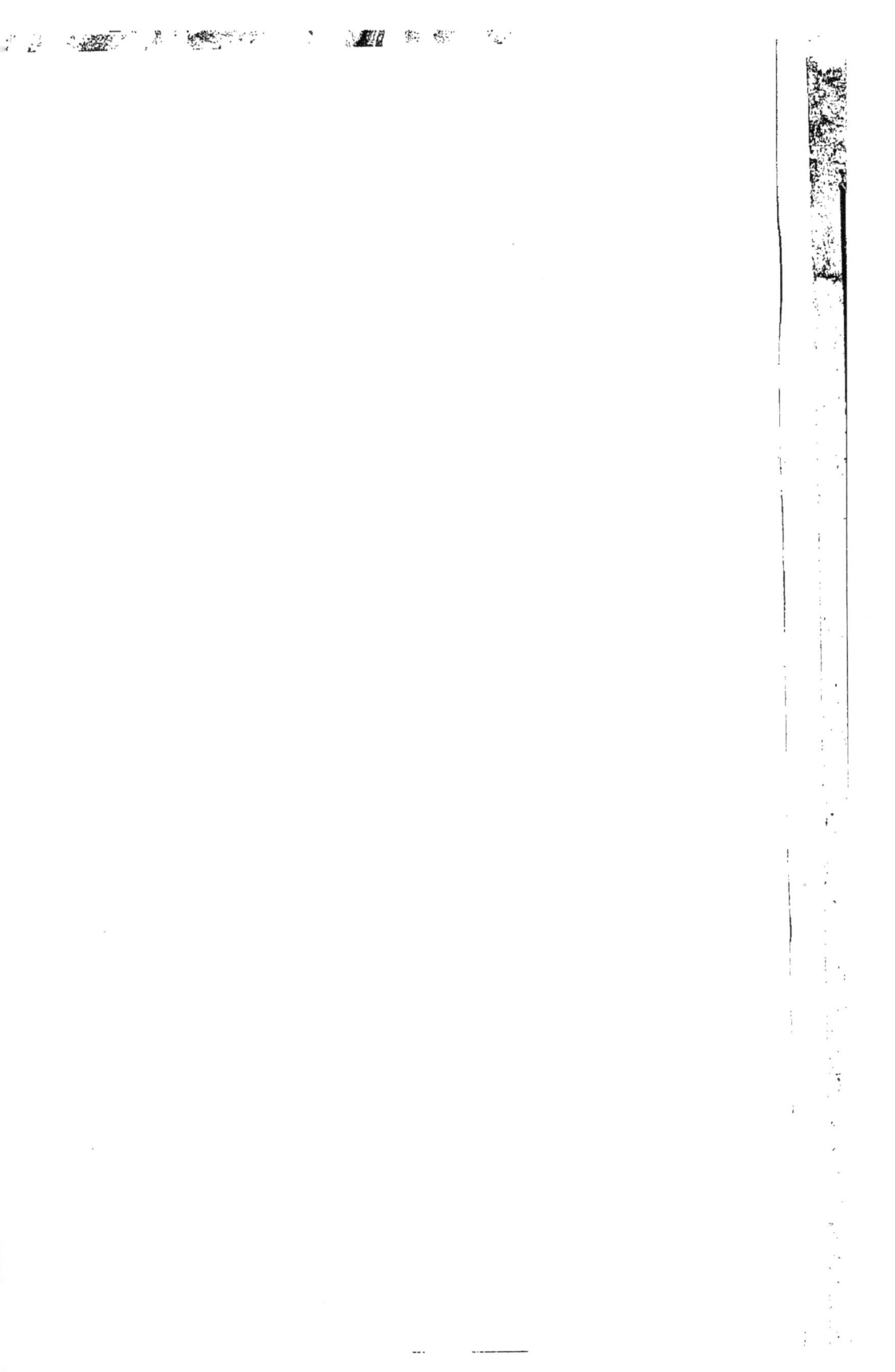

LE
SÉMINARISTE,

PAR RABAN.

TOME PREMIER.

Paris,

TENON, LIBRAIRE,
RUE HAUTEFEUILLE, N° 30.

1831.

LE

SÉMINARISTE.

Ouvrages du même auteur :

LA FILLE DU COMMISSAIRE, 3 volumes in-12.

ALEXIS, ou **LES DEUX FRÈRES**, 2 vol. in-12.

LE BONHOMME, ou **L'ÉPOUX PARISIEN**, 3 vol. in-12.

IMPRIMERIE DE MARCHAND DU BREUIL,
rue de la Harpe, n° 90.

LE
SÉMINARISTE,

PAR RABAN.

TOME PREMIER.

Paris,

TENON, LIBRAIRE,
RUE HAUTEFEUILLE, Nº 30.

1831.

LE
SÉMINARISTE.

CHAPITRE PREMIER.

Repas de famille.—La culotte de peau.

Il n'était que huit heures du matin, et déjà l'honnête moitié de M. Bertrand, qui depuis trente-cinq ans exerçait au Marais l'utile profession de tailleur, madame Bertrand, dis-je, parcourait son quartier faisant des provisions de toute espèce : une tourte était commandée au pâtissier, le marchand de vin avait reçu l'ordre d'apporter vingt-cinq bouteilles à quinze, et le panier de la bonne dame recélait, entre autres choses, un morceau de tranche destiné au pot-au-feu. Elle arrive enfin chez la fruitière. — Allons, mère Benoît, servez-moi vite : il me faut ce que vous avez de mieux ; des asperges, des artichauts, des petits pois, des racines, des.....

— Y paraît, madame Bertrand, que vous faites aujourd'hui un dîner *conséquent?*

—Comme vous dites, mère Benoît ; c'est un dîner de famille, pour célébrer l'entrée de mon fils au séminaire.

— Quoi ! c'petit Jules !...

—Oui, mère Benoît, ce petit Jules, qui est maintenant un jeune homme accompli, un sujet charmant... Dix sous les petits pois à la saint Jean, c'est une horreur !... Savez-vous bien que c'est un savant que Jules ?

— Ah dam ! la jeunesse est si précoce aujourd'hui..... C'est tout au juste, oui ou non.

— Il n'était pas plus haut que ça, et il parlait latin comme père et mère... Et la botte d'asperges ?... Il est vrai que ça nous a coûté cher ; mais aussi quel honneur pour la famille ! toujours les premiers prix !... En avez-vous à la poivrade ?... Mère Benoît, je vous souhaite un fils comme celui-là.

— N'm'en parlez pas, madame Bertrand, je n'peux pas venir à bout du mien ; vous savez , Jacques , il n'a que dix-sept ans , eh bien , ça donne déjà dans le travers..., ça a un bon état dans les mains , et ça veut jouer la comédie. Il dit pour ses raisons qu'un ébéniste n'est pas un artiste ; à la bonne heure , ça se peut bien, mais qu'est-ce que ça prouve ?

— C'est comme mon frère Hubert, qui ne voulait pas que mon fils entrât au séminaire : si on l'écoutait, Jules serait avocat ; il prétend qu'un beau plaidoyer fait plus de bruit qu'un grand sermon. Mais, comme dit M. Bertrand , un avocat peut perdre sa cause , et un prédicateur gagne toutes les siennes. Je sais bien que nous ne sommes plus dans le bon temps, mais on dit qu'il reviendra.

—Oui, vantez-vous-en! s'écria un gros joufflu qui entrait en ce moment; il reviendra à Pâques ou à la Trinité!

—Tiens, c'est vous, M. Germain?

— Oui, mère Benoît..., sauf votre respect... Pour ce qui est du bon temps, voyez-vous, eh bien... enfoncé!... C'que j'vous dis là, ça n'est pas des cancans, au moins! Vous savez que M. le marquis de la Badigeonnière est un quelqu'un qui en sait long sur l'article : eh bien! depuis vingt-cinq ans que ses chevaux et moi nous avons l'honneur de le mener, nous ne l'avions pas encore vu d'aussi mauvaise humeur que depuis trois mois... Y paraîtrait qu'il est question de supprimer les places où l'on reçoit de l'argent sans rien faire , c'qui s'appelle... attendez-donc , ça s'appelle...

— Vous voulez dire qu'il est question de supprimer les *siracuses*.

— Comme vous dites , madame Bertrand, c'est des *siricus* qu'il s'agit, c'qui fait que M. le marquis est d'une humeur terrible...., au point qu'il veut diminuer mes gages et rogner la ration des chevaux ?..... Comptez donc sur l'bon temps après des choses comme ça ! Mais suffit ; assez causé sur la politique : sauf votre respect, madame Bertrand , c'est une culotte de peau...

— Tout cela n'empêchera pas mon fils de faire son chemin... Quand, à quinze ans, on vous attrape le premier prix de *ric à rique*...

— C'est donc pour vous dire, madame Bertrand, que, sauf votre respect, j'ai celui de vous rencontrer comme mars en carême ; attendu que ma culotte de peau que voici a besoin d'une restauration soignée; ce qui fait qu'en sortant d'ici j'allais tout droit la porter à M. Bertrand ; permettez donc que je vous confie la susdite...

A ces mots, Germain, soulevant le couvercle du panier que portait la mère du futur séminariste, posa délicatement l'objet à restaurer entre la

botte d'asperges et le pot-au-feu, et
madame Bertrand, malgré le plaisir
qu'elle éprouvait à vanter sa progéni-
ture, se hâta de rentrer chez elle pour
procéder à la confection du repas de
famille dont nous avons parlé.

Les parens de Jules étaient tous en-
chantés de la vocation du jeune homme, car il paraissait en avoir une dé-
cidée pour l'état ecclésiastique. C'était
un beau garçon, plein d'esprit, de feu,
d'enthousiasme ; l'idée d'être un jour
l'un des flambeaux du christianisme
enflammait son imagination ; destiné
dès sa plus tendre enfance à entrer
dans les ordres, il ne lui était jamais
arrivé de penser que ce projet, pour
l'exécution duquel son père, simple

artisan, faisait des sacrifices et travail-
lait sans relâche, pût ne pas se réali-
ser. Le père Hubert, oncle maternel
de Jules, était le seul de la famille qui
n'approuvât pas entièrement le des-
sein de mettre au séminaire son neveu,
qu'il aimait beaucoup. C'était un
brave homme, qui, sans s'être jamais
rendu coupable d'une mauvaise ac-
tion, s'était montré pendant la révolution l'un des plus chauds patriotes
de son quartier ; les grands mots pa-
triotisme, liberté, etc. , lui avaient
tourné la cervelle, et cela paraissait
être un mal sans remède ; car , malgré ses cinquante-cinq ans , il recou-
vrait toute la vigueur de sa jeunesse
pour défendre ses chères idoles lors-

qu'on les attaquait devant lui. Retiré depuis quelques années du commerce de fripier, il passait son temps à lire et à admirer les discours de tous les orateurs de la république, et il lui arrivait souvent encore en parlant aux gens de les apostropher d'un *citoyen* ou d'un *citoyenne,* capables de faire trembler tout un salon du noble faubourg. A cela près, le père Hubert était le meilleur homme du monde ; il fut le premier à se rendre à l'invitation de Bertrand, espérant encore que son éloquence empêcherait ce qu'il appelait le sacrifice de son neveu. Mais, ainsi que nous l'avons dit, madame Bertrand mourait d'envie de pouvoir dire : *mon fils l'abbé ;*

le père ne voyait rien au-dessus d'un
état si honorable ; et Jules lui-même,
qui se voyait déjà grand-vicaire ou
quelque chose de plus, n'aurait pas
renoncé sans chagrin à toutes ses espérances.

Tandis que le père Hubert argu-
mentait, et que M. Bertrand achevait
la soutanelle du futur abbé, madame
Bertrand, au milieu des casseroles et
des fourneaux, s'escrimait de son
mieux, et déployait une activité d'autant plus grande, que ses causeries
du matin lui avaient fait perdre un
temps précieux. Peu à peu les convives arrivèrent : c'étaient, comme nous
l'avons dit, les oncles, tantes, cou-
sins et cousines du héros de la fête ;

le modeste appartement en fut bientôt rempli. Quatre heures sonnent, Bertrand, qui vient de mettre le dernier bouton au vêtement du jeune lévite, saute en bas de son établi, et sa laborieuse épouse annonce que le potage est servi.

— Ma foi, frère, dit le père Hubert en prenant place à la table, tu en diras ce que tu voudras; mais si Jules était mon fils, il ne porterait jamais cet habit-là... Vous avez beau froncer le sourcil, vous autres qui croyez qu'on fait un prêtre comme on fait un tailleur. Si vous réfléchissiez à toutes les vertus que doit posséder un ecclésiastique, vous y regarderiez à deux fois avant que de dire : mon fils sera prêtre. Ne savez-vous pas qu'il y a beaucoup d'appelés et peu d'élus? et n'avez-vous pas vu pendant la révolution....?

—Ah! nous y voilà! cria tout l'auditoire.

— Sans doute, nous y voilà, reprit avec feu le père Hubert. Parce que je forme à moi seul toute l'opposition, ce n'est pas une raison pour que je me laisse intimider par la majorité... Non, la majorité ne m'intimide pas!... (Ici l'orateur, s'échauffant, monte sur sa chaise.) Elle écoutera l'avis salutaire d'un bon citoyen...

—Ah! ah!.

— Messieurs, j'ai le droit d'être entendu, et je ne quitterai pas cette tribune sans avoir dit la vérité, toute la vérité!...

— Cousin, s'écria un gros réjoui, tu parles comme un livre ; mais ça n'empêche pas que tu sois un peu dans les traînards ; si tu étais à la hauteur, tu saurais que le meilleur discours ne vaut pas un bon dîner.

— Bravo! bravo! crièrent tous les convives.

— Le cousin a raison, dit madame Bertrand ; il est plus de quatre heures et demie, et nous avons une faim *candide*.

Vaincu par cette logique ventrue, le père Hubert descendit en soupirant de sa tribune improvisée, et se résigna à manger la soupe ; chacun en fit autant, mais à la seconde cuillerée tous les convives s'arrêtèrent en se regardant.

—Eh bien! frère, reprit le vieux républicain, tu ne diras pas qu'il y a là de l'esprit de parti, et pourtant ton potage ne vaut pas le diable!

—C'est singulier, dit madame Bertrand, un morceau superbe! Trois livres un quart de tranche au petit os!...

—Et du bouillon qui ne sent rien, dit M. Bertrand.

—Pardonnez-moi, papa, il sent le bouillon de collége.

—Eh bien, il n'y a pas grand mal à cela, reprit madame Bertrand; le bouilli en sera meilleur.

Et pour réparer le petit échec que recevait sa réputation de bonne cuisinière, elle s'empressa d'apporter sur la table la prétendue pièce de bœuf, que le père Hubert se mit en devoir de découper.

— Quel diable de morceau est-ce là, sœur?... Il est plus dur que de l'âne...

Et faisant un dernier effort, il enlève au bout de sa fourchette..... la ceinture de ce vêtement nécessaire, que Germain avait, le matin même, délicatement placé dans le panier de madame Bertrand, et que celle-ci, dans son empressement, avait mis dans la marmite.

—Dieu me pardonne, c'est une culotte ! s'écrie-t-il.

—Une culotte ! disent les convives.

—Ah ! grand Dieu !... la culotte de Germain ! dit madame Bertrand.

Et peu s'en fallut qu'elle ne s'évanouît.

Après quelques minutes de silence causé par la stupéfaction générale, le père Hubert eut pitié de l'état de sa sœur : — Parbleu ! dit-il, erreur n'est pas compte ; et puisque ce plat n'est du goût de personne, passons à un autre, et qu'il n'en soit plus question.

A ces mots, s'emparant de l'objet de trouble dont il avait détaché un fragment, il se leva, fit un demi-tour,

I   2.

et le jeta par la fenêtre. Mais à peine a-t-il repris sa place, qu'une pierre lancée du dehors vint tomber sur la tourte qu'avait servie madame Bertrand et dont le coulis inonda les convives.

— Et de trois ! s'écria le père Hubert ; il paraît que le diable s'en mêle, mais il n'aura pas le dernier.

Comme il achevait cette phrase, des imprécations terribles se firent entendre dans la rue, et un second projectile mit en pièces le plat qui avait succédé à la tourte. On court aux fenêtres, et l'on aperçoit un vigoureux Auvergnat coiffé de la culotte encore fumante, et qui, furieux de ne plus trouver des pierres, se dispose à lancer ses souliers ferrés aux convives, dont les éclats de rire augmentent sa colère. Le courageux Hubert descend promptement pour mettre fin à ce tapage ; mais l'Auvergnat n'entend rien , il crie comme un sourd , se démène comme un possédé , jure comme un fiacre ; et pour toute réponse aux raisons du père Hubert , il montre deux poings vigoureux, disposés à venger son chef de la coiffure trop chaude dont on l'a affublé mal à propos.

Si, à Paris, un hanneton qui voltige attire les regards de cinquante curieux , qu'on juge de l'effet que peut produire un Auvergnat échaudé , qui crie et gesticule comme s'il avait le diable au corps ! Les voisins sortent ,

la foule s'amasse, les voitures sont
forcées de s'arrêter ; on dirait que
toute la rue Saint-Louis est en insur-
rection, et cela parce que madame
Bertrand a eu le malheur de prendre
une culotte de peau pour un morceau
de tranche au petit os !...

Grâces à ses amis, à ses parens qui
l'entourent, le père Hubert a évité les
poings de l'Auvergnat ; mais c'est en
vain qu'il cherche à se faire jour au
travers des flots de curieux qui se
pressent sans savoir pourquoi. Il ne
peut faire un pas, cinquante flâneurs
sont dans le même cas. Les hommes
jurent, les femmes crient, les enfans
pleurent, les cochers crient *gare*, et
vacarme va croissant. Fort heureu-

sement un de ces honnêtes observateurs qui écoutent aux portes pour cause d'utilité publique s'empresse d'aller requérir main-forte au poste voisin , dans lequel les enfans de l'Helvétie ont remplacé la garde nationale; mesure très-sage , attendu que rien n'est comparable aux Suisses pour faire entendre raison aux Français. Six hommes et un caporal sont aussitôt chargés d'aller rétablir l'ordre ; en conséquence ils pénètrent au pas de charge dans la foule, distribuant force bourrades , et renversant les gens. En un instant, le père Hubert et son antagoniste sont cernés , pris au collet et sommés de marcher.

—L'ami, disait l'ex-fripier, vous avez pas le droit...

—Ya! ya!

—Apprenez qu'un citoyen français...

Un coup de crosse lui coupe la parole. Le père Hubert est furieux, mais il ronge son frein, et de peur qu'à défaut de *droit* le caporal n'en revienne au fait avec la crosse de son fusil, il se résigne à être conduit au corps-de-garde, espérant que là il lui sera permis de s'expliquer. Le sergent qui commande le poste, brave soldat qui ne sait qu'obéir, et qui mettrait le feu aux quatre coins de Paris si son capitaine l'ordonnait, paraît d'abord assez disposé à répondre par quelques gestes non moins éloquens que ceux du caporal ; mais fort heureusement arrive une ronde d'officier, lequel procède à l'interrogatoire des deux prisonniers.

— Capitaine, dit le père Hubert, je dois vous dire que mon neveu est un jeune savant...

— Il ne s'agit pas de cela.

— Permettez, citoyen...

— Citoyen !... Qu'est-ce que c'est que ce langage-là !...

— C'est-à-dire, monsieur le capitaine, vous saurez qu'il s'agit d'un séminariste...

— Ah ! ah !...

— Qui est mon neveu...

— Oh ! oh !

— Et que je dois conduire demain à Saint-Sulpice...

— Ah ! diable !...

— Mais permettez donc...

— L'oncle d'un séminariste !... Corbleu ! sergent, vous faites de belles choses !...

— Il faut que vous sachiez...

— Vous vous mettez dans de beaux draps !...

— Ne pensez pas, capitaine, que les coups de crosse que j'ai reçus...

— Des coups de crosse ! Donner des coups de crosse à l'oncle d'un séminariste !... et puis cela espère de....

— Mais, capitaine, si vous m'interrompez toujours...

— Eh ! que pouvez-vous dire qui

vaille cela ? Allez, mon cher monsieur ;
pardonnez à ce pauvre diable, qui ne
sait pas encore tout le respect que
l'on doit à l'oncle d'un séminariste.

Cependant l'Auvergnat voyant qu'on
ne s'occupait pas de lui, se décida à
prendre la parole.—Monchieu l'offichier...

—Oh ! toi, tu n'as pas de neveu au
séminaire.

—Chémina... qu'êche que cha ?...
Chémina...

—Silence !

— Monchieu l'offichier...

— Qu'on le mette au violon... Quant
à vous, monsieur, j'espère que vous
voudrez ? en oublier... Voulez-vous
que l'on vous reconduise ?

—Oh! c'est inutile, citoy..., c'est-à-dire capitaine; il suffit que je sois libre.

Et cela dit, le père Hubert disparut comme un trait. Il n'avait pas fait vingt pas lorsqu'il rencontra ses parens, qui venaient tous ensemble le réclamer. —Ma foi, mes amis, leur dit-il, il était temps que cela finît, car j'ai une faim de tous les diables; ainsi donc, allons nous remettre à table, et ne disputons plus.

Cet avis fut adopté à l'unanimité; et grâces aux provisions abondantes qu'avait faites madame Bertrand, le désastre du premier service fut promptement réparé.   us

— Savez-vous, mes amis, reprit

l'oncle de Jules, lorsque son appétit fut un peu calmé, que je commence à être de votre avis ?... Et devinez qui m'a converti.... c'est l'officier du poste! Cet homme-là m'a prouvé clairement que la carrière ecclésiastique est préférable à toute autre; et maintenant, loin de m'opposer à ce que Jules entre au séminaire, je veux moi-même le conduire, et le plus tôt sera le meilleur; car j'ai pour principes qu'il faut marcher avec son siècle; s'il fait fausse route, c'est son affaire: et puis, comme disait un grand orateur: Il y a quelqu'un qui a plus d'esprit que Molière, Voltaire et Beaumarchais, et ce quelqu'un là c'est *tout le monde.* Or, tout le monde

voulant que mon neveu soit prêtre,
il est clair qu'il doit l'être.

Chacun fut enchanté de voir que
l'homme qui avait le plus d'esprit de
la famille partageât enfin l'avis général ; et cette importante conversion
fut célébrée avec tant d'enthousiasme,
qu'un second panier de vingt-cinq
bouteilles fut suivi d'un troisième, et
que le jour commençait à poindre
lorsque les convives songèrent à se
retirer.

— Quant à moi, dit le père Hubert,
je ne sors pas d'ici. Toi, Jules, va
dormir, mon garçon, car il ne faut
pas que tu aies les yeux rouges. Après
déjeûner, nous partirons pour la rue
du *Pot-de-Fer*.

Ce projet eut l'assentiment général, car on ne doutait pas que l'éloquence du père Hubert ne produisît un bon effet, et ne donnât au supérieur du séminaire une idée avantageuse de la famille du jeune homme.

CHAPITRE II.

Le révérend.—La rue du Paradis.

LE père Hubert, qui n'avait pas quitté la table, déjeûna de fort bon appétit, et parut de très-belle humeur. Jules voyait avec plaisir approcher le moment de partir pour le séminaire, d'où il espérait bien sortir avec un commencement de réputation qui ne pourrait manquer de s'accroître, et donner quelque jour de la besogne aux cent voix de la renommée. Sa physionomie ouverte laissait aisément deviner ce qui se passait dans son âme : il ne parlait point de l'avenir sans qu'aussitôt des jets de feu ne partissent de ses yeux.

L'heure du départ arriva : le papa Bertrand essuya une larme en embrassant son fils; madame Bertrand pleura aussi, mais cela ne l'empêcha pas de parler : — Vous savez, mon fils, tout ce que nous avons fait pour vous; Grâces à Dieu, vous parlez latin comme celui qui l'a inventé, vous raisonnez comme un docteur, enfin vous êtes éduqué comme un duc et pair. Mais vous ne savez pas encore tout ce que cela nous coûte, et vous ne pouvez imaginer combien un père sensible est obligé de donner de coups d'aiguille pour faire un *latinisse* consommé ! Vous n'avez pas un grain de science qui ne nous coûte une façon d'habit, et pourtant nous ne sommes pas au bout. Mais tout cela ne sera rien si vous savez en profiter. Il ne tient qu'à vous d'aller loin ; car tout le monde assure que vous avez la science *confuse ;* je me souviens que, n'étant pas plus haut que cela, vous raisonniez comme un homme de six pieds ; il n'y avait pas votre pareil pour la mémoire ; et sur le catéchisme vous étiez fort comme un Turc, ce qui fit voir à votre père et à moi que vous aviez une *vacation indéterminée* pour l'Eglise. C'est à vous maintenant à prouver que vous êtes digne de toute la tendresse d'une

mère, en lui donnant la satisfaction
de voir qu'elle n'a pas pris des vessies
pour des lanternes.

Ce discours produisit beaucoup
d'effet sur toutes les personnes pré-
sentes ; il n'y eut que le jeune homme
qui ne se récria pas sur l'éloquence
de sa mère ; mais, fils respectueux,
il ne laissa pas de promettre qu'il ferait de son mieux. On se fit alors des
adieux aussi touchans que si l'on se
fût quitté pour ne plus se revoir, puis
un fiacre reçut, pour les voiturer au
séminaire, l'oncle, le neveu et le
trousseau de ce dernier.

Le silence régna pendant tout le
trajet: Jules songeait à l'avenir bril-
lant qui l'attendait, tandis que le

père Hubert préparait le discours dont il se proposait de régaler le supérieur : ses idées étaient d'autant plus abondantes que le vin de M. Bertrand n'avait pas été ménagé ; aussi , en arrivant dans la rue du *Pot-de-Fer*, l'oncle de Jules était-il très-content du nombre de belles phrases qu'il était parvenu à rassembler.

Bientôt on met pied à terre , et nos personnages sont conduits chez le supérieur ; le père Hubert s'incline , se frotte le front , ouvre la bouche... Hélas ! sa mémoire le trahit ; il reste court au premier mot , et un *citoyen* vient expirer sur ses lèvres ! Cependant l'honorable ecclésiastique accueille avec beaucoup de politesse et de bonté le nouveau disciple ; il lui fait quelques questions auxquelles le jeune homme répond d'une manière satisfaisante. Pendant ce temps le père Hubert cherche à se remonter ; il appelle à son secours les grands mots dont son cerveau est ordinairement si bien garni, et profitant du silence, il s'écrie : — Citoyen révérend, j'ai l'honneur de vous présenter mon neveu, et je vous prie de croire que ce ne sera pas le plus mauvais soldat de votre régiment...

A ces mots, le supérieur ne put s'empêcher de sourire, et l'orateur reprenant tout son aplomb, continua :

— N'allez pas vous imaginer, mon révérend, qu'il vient ici pour manger le pain de la section, et qu'il soit capable de souffler dans la manche quand il s'agira de se montrer. Non, mon révérend, ce n'est pas dans le siècle des lumières que...

—Je vous crois, monsieur, interrompit le supérieur; mais, dans tous les cas, ne craignez point que l'on force la vocation de votre jeune parent. Il saura bientôt tous les devoirs que lui imposera l'état qu'il se propose d'embrasser; et s'il ne se sentait point capable de les remplir, il lui suffira de nous en faire part pour que, loin de chercher à le retenir, nous l'engagions nous-mêmes à entrer dans une autre carrière, car la religion n'est pas l'ennemie de la liberté.

A ce mot de liberté, le père Hubert, qui se trouvait sur son terrain, se disposa à improviser une éloquente réplique ; mais son interlocuteur, le saluant poliment, le pria de l'excuser si ses devoirs ne lui permettaient pas de rester plus long-temps, et notre orateur fut obligé de se retirer sans avoir goûté le plaisir de pérorer ; ce qui n'était pas de nature à l'affliger médiocrement.

Notre jeune homme, comme il était aisé de le prévoir, se livra avec ardeur à l'étude ; son assiduité le fit remarquer de ses supérieurs, en même temps que sa douceur et sa franchise le firent aimer de ses nouveaux camarades. Plusieurs mois s'écoulèrent

ainsi : Jules avait dix-sept ans, et
dans son heureuse innocence il ne
concevait pas d'autres plaisirs que
ceux qui lui étaient permis. Chaque
semaine il faisait une visite à son père,
qui ne se sentait pas d'aise d'avoir un
fils d'un si grand mérite. Madame
Bertrand ne disait plus que *mon fils
l'abbé*, et elle était intarissable quand
elle avait entamé l'éloge du jeune
homme. Quant au père Hubert, que
Jules allait voir de temps en temps, il
ne pouvait s'empêcher de témoigner
la crainte de voir succomber cette
vocation qui paraissait si solide.—Ça
serait dommage, disait-il un jour,
mais j'ai vu plus fort que ça.

—Eh! mon cher oncle, que puis-je désirer qui soit préférable à la dignité dont je puis être un jour revêtu ?

—Je ne dis pas que tu puisses désirer mieux.

—Mais pour désirer pis, il faudrait que je devinsse fou.

—Justement, mon ami, c'est là ce que je crains ; à ton âge on est facilement atteint de cette maladie-là, et le meilleur citoyen n'en est pas exempt.

—Soyez tranquille, cher oncle ; je suis loin de là, et il faudrait bien des choses pour m'y amener.

—Tu crois, Jules !... Sais-tu bien ce qu'il faudrait ?... Seulement deux beaux ye... Tiens, mon garçon , parlons d'autre chose.

La conversation changea effectivement de sujet ; mais Jules ne laissa pas de penser à la singulière crainte qui tourmentait son oncle, et il ne put s'empêcher de craindre à son tour que le cerveau du père Hubert ne fût lui-même un peu fêlé.

C'était vers la fin de l'automne, et l'heure de la retraite était encore éloignée ; cependant Jules en sortant de chez son oncle avait repris le chemin du séminaire : il marchait lentement en traversant le Pont-Neuf, lorsqu'un jeune homme qui venait du côté opposé s'écria : — Tiens ! c'est Bertrand !... Ah ! est-il drôle avec sa soutane!... Mais on dirait que tu ne me reconnais pas... Il est vrai que je suis un peu changé, parce que la bonne société ça vous donne un fion soigné. Mais c'est égal, pour les amis, je suis toujours Jacques, le fils de la mère Benoît, la fruitière de la rue Saint-Louis.

—Maintenant je te reconnais, dit le jeune séminariste en lui tendant la main avec toute la franchise d'un écolier : je n'ai pas oublié nos parties de billes...

— Ah ! oui... A telle enseigne que je trichais joliment.

—Et que fais-tu maintenant?

—Oh ! maintenant, je ne triche plus ; mais je joue...

— Comment, tu joues...?

— Oui, mon ami, je joue la comédie, le vaudeville et le mélodrame, rien que ça ; sans compter qu'il n'y a pas chez Doyen un jeune premier capable de m'en repasser. Aussi les connaisseurs disent que j'irai loin, parce que j'ai le chic. Tiens, si tu veux voir un échantillon de mon talent, tu n'as qu'à venir avec moi : je joue ce soir rue du Paradis... Un théâtre bourgeois magnifique : la scène a huit pieds carrés... et les actrices, donc!... Je suis sûr que tu t'amuseras comme un dieu.

— Tu n'y penses pas, mon ami ; ce n'est pas avec l'habit que je porte que l'on va dans ces sortes de réunions.

— Ah! est-il bon là, avec son habit! dirait-on pas qu'il est cloué sur son dos!... Pour ce qui est de *ces sortes de réunions*, comme tu dis, il est bon que tu saches qu'elles sont composées de gens comme il faut; c'est l'élite du Marais : des rentiers, des garçons épiciers en demi-gros, des contre-maîtres de manufactures, y compris leurs particulières, avec cachemires Ternaux et chapeaux à panaches... Enfin, c'est ce qui s'appelle du soigné... Allons, décide-toi; je te prêterai un habit, et tu ne regretteras pas ta soirée.

Jules souriait; malgré sa piété et sa ferme résolution de ne jamais dévier de la route qu'il s'était tracée, il sentit le désir d'assister au singulier spectacle dont son ancien camarade lui faisait une peinture si pittoresque.

— Quel mal y aura-t-il à cela? se dit-il. Aucun, sans doute; car je n'irai point là pour chercher des émotions et des plaisirs; mais seulement pour observer et étudier le cœur humain; et qui, plus que les hommes destinés à diriger leurs semblables, a besoin de connaître les secrets ressorts que les passions font mouvoir?... Qui sait si je ne parviendrai pas à arracher au démon de l'orgueil quelqu'une de ses jeunes victimes?

— Que diable marmottes-tu donc? s'écria l'artiste de la rue du Paradis; il s'agit d'un oui ou d'un non, et l'on dirait que tu répètes ton bréviaire

—Eh bien, mon ami Jacques, j'accepte ta proposition.

—A la bonne heure, voilà qui est répondre!... Il faut pourtant que je te fasse une petite observation : entre nous, comme je te l'ai dit, je suis Jacques, le fils de la mère Benoît; mais dans le monde et au théâtre, ça n'est plus ça... Tu sens bien, mon ami, qu'on ne peut pas mettre sur une affiche : *Monsieur Jacques remplira le rôle, etc...* Jacques!... Je te demande quelle figure cela ferait sur une affiche?... En vérité, il faut que des parens soient terriblement bornés pour donner des noms pareils à leurs enfans... Heureusement les artistes ont le pri-

vilége de s'appeler comme ils veulent;
et moi, en vertu de ce privilége-là, je
m'appelle Boisjoli.

— Cela étant, M. Boisjoli, répliqua
Jules en riant, je suis prêt à vous
suivre rue du Paradis, à condition
cependant que je pourrai me retirer
avant la fin du spectacle si l'heure
m'y oblige.

A ces mots, les deux jeunes gens
prirent ensemble le chemin du Marais.

Jacques conduisit notre séminariste dans une maison garnie où,
depuis quelque temps, il avait établi
son domicile, afin de se soustraire
aux mercuriales de la mère Benoît,
qui persistait à croire qu'un bon
ébéniste valait mieux qu'un comé-

dien de la rue du Paradis, et qui, à
défaut de phrases , se servait de raisons démonstratives fort peu goû-
tées de son fils. En un instant Jules
eut changé de costume ; et une heure
après il était dans les coulisses du
théâtre dont Jacques lui avait fait un
si pompeux éloge. Le spectacle commence ; on jouait *la Pie voleuse ;* Jules
s'amuse un instant du ridicule de la
plupart des acteurs ; mais bientôt une
jeune personne attire son attention :
elle remplissait le rôle de la servante
de Palaiseau ; sa grâce , sa gentillesse ,
son organe agréable, faisaient un
contraste choquant avec le ton , les
manières et le jeu des autres acteurs.
Jules l'admire ; il ne voit qu'elle ; et ,

dans les entr'actes, oubliant qu'il n'est venu là que pour étudier le cœur humain et arracher quelque proie au démon, il félicite la charmante Juliette, il vante son intelligence, sa sensibilité, etc. Juliette aime les éloges, car elle est femme; elle est accoutumée à recevoir des louanges, car elle est jeune et jolie. Mais quelle différence elle trouve entre les complimens grossiers, les sales équivoques des hommes qui l'entourent ordinairement, et les félicitations que lui adresse Jules, dont la voix douce frappe si agréablement son oreille!... Elle répond avec un embarras charmant. Il n'en fallait pas davantage pour mettre le feu aux poudres. Jules s'empare, sans s'en apercevoir, d'une main de Juliette, et ses lèvres viennent l'effleurer.

— Oh! oh! monsieur l'abbé, s'écrie Jacques en riant, il paraît que nous avons fait bien du chemin depuis tantôt?

A ces mots, Jules, comme frappé de terreur, fait quelques pas en arrière.

—Un abbé, dit doucement la jeune fille, monsieur est abbé?

— Pas tout-à-fait, ma belle enfant; mais c'est du bois pour en faire. Mon ami Jules est tout simplement un pensionnaire de Saint-Sulpice; ce qui ne l'empêche pas, à ce qu'il me paraît, de savoir dire autre chose que des *oremus*.

— Tais-toi, Jacques, s'écrie Jules d'un ton impératif et en jetant sur le fils de la mère Benoît un regard terrible.

Jacques n'était pas homme à se laisser effrayer facilement, et pourtant il se tut, malgré l'envie qu'il ressentait de payer par quelques nouveaux quolibets l'espèce de menace que venait de lui faire son ancien camarade. Les beaux yeux de Juliette étaient toujours fixés sur le jeune séminariste, et semblaient exprimer le regret. Jules aussi la regardait, et son sang, circulant avec violence, répandit sur son visage un rouge de pourpre. En ce moment, une voix partie de l'orchestre fit entendre ces mots : *dix heures et demie.*

— Dix heures et demie ! s'écria Jules en s'élançant hors de la salle ; dix heures et demie, et il y a une lieue d'ici à Saint-Sulpice !...

Il court alors au domicile de Jacques, reprend sa soutane et disparaît avec la rapidité de l'éclair.

CHAPITRE III.

Premières amours.

Onze heures sonnaient à l'Hôtel-de-Ville au moment où Jules arrivait sur la place de Grève ; il regarde autour de lui, presque toutes les boutiques sont fermées ; on n'entend plus que le roulement de quelques voitures de place, et les pas pesans des patrouilles. Que va-t-il faire ? Il est impossible à cette heure de se présenter au séminaire. Retournera-t-il chez son père? Ce serait le plus sage parti ; mais il ne peut se résoudre à braver la colère de

M. Bertrand, qui voudra savoir où son fils a passé la soirée. Il n'y a que le père Hubert chez lequel Jules se sente le courage d'aller chercher un asile. Le père Hubert est brusque, sévère en quelque sorte; mais il ne pense pas qu'un jeune homme de dix-sept ans puisse être la sagesse personnifiée. Jules lui dira la vérité; il en sera quitte pour entendre quelque fragment de discours républicain que le bon homme rattachera tant bien que mal à la circonstance, et le lendemain son oncle ne refusera pas de l'accompagner au séminaire.

A peine notre séminariste a-t-il fait ces réflexions, qu'il se dirige vers la demeure de l'ex-fripier républicain.

Il frappe long-temps à la porte de l'appartement; car le père Hubert, qui ne va pas au spectacle bourgeois, se couche régulièrement à neuf heures, attendu qu'il trouve plus agréable de dormir dans son lit que sur une banquette de sapin. —Qui est là? dit-il en s'éveillant.

—C'est moi.... Jules.

—Jules!.... Et que diable viens-tu faire à cette heure?... Est-ce que le feu est au séminaire?

— Non, mon oncle, mais....

— Eh bien, quoi! *mais?*... Je me trompe fort, ou il y a après ce *mais* quelque méchante affaire.

— Non pas précisément, mon cher oncle; voici le fait.

Et ici Jules raconta au père Hubert la rencontre qu'il avait faite et ce qui s'en était suivi ; seulement il ne parla point de la charmante Juliette, qui pourtant avait fait sur son cœur une trop vive impression pour qu'il l'eût oubliée.

— Si c'est là tout le mal, dit le bon homme, il sera facilement réparé. J'irai demain parler au révérend, je lui conterai tout, et il te pardonnera, car c'est un bon citoyen, qui parle comme un ancien de la *Constituante*, et qui est incapable de fermer l'oreille aux bonnes raisons. Ainsi donc, mon garçon, dors tranquille ; demain j'arrangerai cette affaire.

Ces paroles rassurèrent un peu

Jules, mais ne lui ôtèrent pas toute inquiétude : l'éloquence de son oncle lui paraissait plus propre à gâter les choses qu'à les accommoder, et il redoutait l'effet de cette grosse franchise assaisonnée de phrases démocratiques. Il passa la nuit à réfléchir là-dessus; de temps en temps aussi il pensait à Juliette; il se rappelait avec délices ses traits, sa gentillesse, et jusqu'au moindre mot qu'il lui avait entendu prononcer, mais il n'osait s'avouer qu'il l'aimait. Il ne dormit pas un instant, et cependant la nuit lui sembla courte. Au point du jour, le père Hubert l'appela.—Allons, mon garçon, il ne s'agit pas de dormir sur les deux oreilles le lendemain du jour

où l'on a fait une sottise. Il faut partir
tout de suite, prendre le révérend au
saut du lit, et lui débiter notre cha-
pelet sans bégayer; car, vois-tu, Jules,
le mensonge ne mène à rien de bon.

— Partons donc, mon cher oncle,
dit Jules qui achevait de s'habiller.

Et l'on se mit en marche. Le silence ne fut pas interrompu pendant
le trajet; car le père Hubert avait résolu de profiter de cette occasion pour
se réhabiliter dans l'opinion du révérend, et il repassait, chemin faisant,
la harangue qu'il avait composée pendant la nuit. On arrive, et presque
aussitôt l'oncle et le neveu sont in-
troduits près du respectable supérieur.

— Citoyen, dit le père Hubert, à

tout péché miséricorde ; car le diable est malin et la jeunesse est crédule... Voici un gaillard qui se croyait un petit saint tout confit dans les bons principes ; il se croyait presque aussi infaillible que notre citoyen révérend père le Pape , et voilà qu'à la première rencontre il mord à l'hameçon comme un ventru. Je sais bien qu'en pareil cas le rappel à l'ordre est indispensable ; mais considérant que le mal n'est pas aussi grand qu'il le paraît, et que le retour aux bons principes est constant et spontané, je prie Votre Révérence de prononcer la clôture.

Ici le supérieur, qui ne comprenait rien au galimatias parlementaire de notre orateur, prit le parti de l'interrompre en ordonnant à Jules de s'expliquer. Le jeune homme obéit : il dit la vérité, rien que la vérité ; mais il ne dit pas toute la vérité, car dans son récit il ne fut pas question de Juliette, et pourtant notre séminariste ne l'avait pas oubliée.

— J'aime votre franchise, Jules, dit le respectable ecclésiastique ; mais elle ne peut me faire oublier que vous avez manqué à vos devoirs... Prenez garde, mon ami, le sentier est glissant, et c'est un abîme qui le termine.

— Bravo ! s'écria le père Hubert, j'appuie la proposition, et j'espère que l'honorable préopinant....

— Allez, Jules, reprit le digne ministre de l'Evangile, et que le ciel préserve votre jeunesse des embûches de la corruption.

Le père Hubert se disposait à prendre la parole une troisième fois, mais au moment où il ouvrait la bouche, son interlocuteur le salua et sortit.

— Voilà un brave homme, dit le vieux républicain à son neveu, c'est dommage qu'il soit toujours si pressé; il est impossible, avec lui, d'aller jusqu'à la sixième phrase... Et pourtant tu conviendras que les quatre premières étaient joliment tapées!... mais le révérend entend raison au premier mot. Ça n'est pas malheureux pour toi, mon garçon; je t'engage pourtant à te défier des comédics bourgeoisès, car *tant va la cruche à l'eau qu'à la fin elle se casse*; et toute l'éloquence des Cinq-Cents ne la raccommoderait pas.

A ces mots, le bon oncle sortit. Jules en fut bien aise : il éprouvait un trouble indéfinissable qui lui faisait désirer d'être seul; il se reprochait la facilité avec laquelle il s'était laissé entraîner par Jacques, et pourtant il n'osait se promettre d'être moins faible à l'avenir; car le souvenir de Juliette venait se mêler à toutes ses réflexions; il la voyait, l'entendait parler; il lui semblait tenir encore cette jolie main qu'il avait pressée sur ses lèvres. Tout cela se heurtait dans son esprit avec des désirs ambitieux , une foi ardente, et la crainte de voir anéantir les plus chères espérances de ses parens , qui avaient fait de si grands efforts pour lui ouvrir la carrière dans laquelle il était entré.

Peu à peu cependant son agitation se calma , et s'efforçant de ne plus penser à cette jeune fille qui avait produit sur lui un effet qu'il croyait extraordinaire , parce qu'il le ressentait pour la première fois, il remplit ses devoirs habituels avec une apparente tranquillité; mais , dès ce jour , il perdit cette douce gaîté qui l'avait fait aimer de ses camarades. Il devint sombre, et cessa de prendre part aux récréations qu'il avait tant

aimées jusque là. Bientôt l'espèce de
contrainte qu'il était obligé de s'im-
poser lui rendit l'étude insupportable. Il ne sortait plus ; car il ne
voulait pas que ses parens pussent
deviner le changement qui s'était
opéré en lui, et il craignait, en
sortant du séminaire, de ne pouvoir
résister au désir de revoir Juliette ;
désir qu'il se promettait d'étouffer,
et qui ne laissait pas de devenir plus
ardent chaque jour.

— Jules, lui dit un jour le supérieur, qu'ai-je fait pour perdre votre
confiance ?.... Il se passe en vous
quelque chose d'extraordinaire ; vous
souffrez, et vous gardez le silence.
Ne vous ai-je pas prouvé que j'étais

votre ami ? Dites-moi ce qui cause
vos chagrins , et je tâcherai de verser
quelque consolation dans votre cœur.

Le jeune homme soupira ; ses grands
yeux se baissèrent vers la terre , et
une rougeur subite couvrit son visage ; mais il n'eut pas le courage de
parler. Le digne ministre du Seigneur fut profondément affligé de
ce silence ; il devina que quelque
passion violente tourmentait cette
belle âme , et il gémit en pensant
à la perte dont cet accident me-
naçait le sacerdoce ; car il avait de-
viné en Jules le germe d'une grande
capacité , et d'un mérite peu commun. — C'est une jeune plante qui
lutte contre un premier orage , se

dit-il; Dieu veuille qu'elle ne succombe pas !

Plus d'un mois s'était écoulé, et la situation morale du jeune lévite, loin de s'améliorer, avait fait de terribles progrès; car les obstacles que lui-même cherchait à opposer à sa passion ne servaient qu'à l'augmenter encore. Cependant le père et la mère Bertrand, surpris de ne plus voir leur fils, voulurent savoir ce qui causait ce changement de conduite, et il fut convenu que le père Hubert, qui n'avait d'autre occupation que de tuer le temps le plus agréablement possible, ferait une visite à son neveu.

— Quoi! mon garçon, lui dit-il

en l'abordant, tu es malade, et tu ne nous en dis rien.

-- Vous êtes dans l'erreur, mon cher oncle ; je me porte bien.

— Allons donc !... est-ce que je ne vois pas clair ?... Toi qui es ordinairement si frais , si gai, te voilà triste comme un bonnet de patriote, et blanc comme un drapeau de l'ancien régime... Quel est ton mal ?... vois-tu un médecin ?...

— Je vous assure, mon oncle, que je ne suis point malade.

— Ah ! tu n'es pas malade... Corbleu ! tu nous dis cela du ton d'un agonisant...... Ça n'est pas clair, Jules : je vais de ce pas trouver le révérend, et je saurai bientôt de quoi

il retourne; car ce brave homme-là,
qui entend à demi-mot, ne refusera
sûrement pas....

— Il lui sera impossible de vous
rien dire, sinon que je me porte bien,
et ce serait l'importuner mal à propos.

— Alors veux-tu bien m'expliquer
pourquoi nous ne t'avons pas vu depuis un mois ?

— Mon cher oncle... mes études..,
le besoin de recueillement...

— Oh ! oh !..... vraiment c'est une
belle chose que l'étude; mais il ne
faut pas pour cela lui sacrifier la
santé : je veux bien que tu sois savant, mais c'est à condition que cela
ne te coûtera pas une once de graisse;
c'est pourquoi j'exige que tu ne re-

nonces pas aux récréations permises ;
et pour commencer à m'obéir, tu vas
venir aujourd'hui dîner avec moi.

Jules accepta ; et son oncle, persuadé qu'une trop grande assiduité au
travail causait toute la maladie du
jeune homme, le conduisit chez un
restaurateur, espérant que quelques
mets succulens et un vin généreux
rendraient à Jules sa bonne humeur ;
mais ce fut en vain que le père Hubert employa tous les moyens qu'il
croyait propres à ramener la gaîté
sur ce visage naguère si riant, et
maintenant pâle et défait.

— Au diable l'étude ! Jules, lui dit-
il lorsqu'ils se séparèrent; j'aime mieux
un ignorant sur pied qu'un savant en

terre.... Et , corbleu !. si le révérend
a des entrailles , il jetera au feu ces
livres qui menacent de tuer un fils
unique... Je le verrai, mon garçon ;
et si cela ne prend pas une meilleure
tournure , nous verrons !...

Jules sourit tristement, et il reprit
le chemin du séminaire ; mais à peine
avait-il fait quelques pas , que le désir
de revoir Juliette vint l'assaillir avec
une nouvelle force : il s'arrêta et se
remit en marche à plusieurs reprises ;
mais la tentation était trop violente
pour qu'il n'y succombât point , et il
arriva que, sans avoir pris de résolution , il se trouva , après avoir marché quelques instans , à la porte de
la maison où demeurait Jacques ; et,

avant qu'il eût songé à la résolution qu'il avait prise de ne plus voir ce dangereux ami, il arriva dans sa chambre.

— Tu es, ma foi, un joli garçon! s'écria le fils de la mère Benoît. Tu pars l'autre jour en brûlant la politesse à tout le monde, et pendant un mois on n'entend pas plus parler de toi que si tu étais allé prêcher les Iroquois. Ce qui est sûr, c'est que tu ne leur apprendras pas la civilité.

— Est-ce qu'il ne te semble pas naturel que ma manière de vivre soit différente de la tienne?

— Je ne dis pas; on sait bien que tout le monde n'est pas né artiste, et pourtant je suis sûr que si tu voulais..... Mais il n'y a pas dans tout cela la moindre raison qui prouve que parce qu'on n'est pas artiste on doive être sauvage , surtout quand on a un certain air qui.fait que les jolies femmes..... J'aurais parié que ce serait une passion malheureuse....

— Dieu me pardonne , Jacques , tu bats la campagne !

— Ah ! je te conseille de faire l'innocent ! mais je t'avertis que ça ne peut pas prendre , parce que les artistes ne dissimulent jamais que lorsque c'est écrit dans leurs rôles ; hors de là , pas de grimace , rien de caché ; on se dit tout. D'après cela , tu penses bien que Juliette n'a pas passé un mois sans....

— Juliette!... que t'a-t-elle dit ?...
où est-elle?....

— Oh! oh! comme nous prenons
feu !....

— Jacques, je t'en prie, ne plaisante pas sur ce point ; il n'est que
trop vrai que cette femme compromet
mon avenir....

— Voilà bien une autre chanson,
maintenant!... N'es-tu pas bien malheureux parce qu'une jolie fille te
trouve à son gré?.... Elle t'aime, tu
l'aimes, vous vous aimez; eh bien,
qu'est-ce que ça fait à ton avenir, ça ?

— Elle m'aime!.... qui te l'a dit?

— Tiens! est-il bon enfant!.... Ça
n'est pas le grand Turc qui me l'a dit.
Elle est sensible, cette jeunesse, c'est

bien naturel; elle est attaquée d'une passion, ça se voit tous les jours ; et elle en fait part à ses amis, il n'y a pas de mal à ça.

— Elle m'aime! elle m'aime! répétait Jules en se promenant à grands pas. Elle m'aime, mon absence l'afflige.... et j'aurais la froide cruauté.... Jacques, je t'en prie, conduis-moi chez elle.... aujourd'hui, à l'instant même....

— Eh bien, vrai ! Jules, je t'aime mieux comme ça.... Ça te va le sentiment.... Maintenant tu n'as qu'à passer un habit, et nous partons.

Jules changea de costume ; mais au moment de sortir il s'arrêta, puis il fit un pas en arrière, joignit les mains et s'écria : — Puissances du ciel, ne m'abandonnez pas !....

— Si c'est un rôle que tu répètes, dit Jacques, il fallait me prévenir ; je t'aurais donné la réplique.

A ces mots, il referma la porte de sa chambre, et s'asseyant, il reprit :

— Ma pauvre Juliette, tu as donné dedans, et c'est dommage ; car tu méritais bien que l'on prît la chose au sérieux, et tu as affaire à un gaillard qui en revendrait au diable..... Et moi qui lui reprochais d'être sauvage !....

Jules fut quelques instans sans prononcer un mot ; un mouvement convulsif l'agitait, et pour tout autre que Jacques il eût été facile de deviner ce qui se passait en lui. Ce que l'on n'aurait pu prévoir, c'est le résultat du combat qui se livrait dans son cœur. Peut-être eût-il résisté à la tentation, si le diable, qui tenait fort à ce qu'il succombât, n'eût eu un moyen tout prêt et infaillible pour arriver à ses fins. Jules commençait à se calmer, et Jacques qui le regardait en silence se demandait ce que tout cela voulait dire, lorsqu'un pas léger se fit entendre dans l'escalier : la porte s'ouvrit, et Juliette parut.

—C'est un arrêt du ciel ! s'écria le séminariste; et s'élançant au devant de la jeune fille, il tomba à ses genoux.

—Prenez garde, monsieur, dit-elle en riant, vous vous blesserez.

— Charmant ! charmant ! criait Jacques.

Et ses éclats de rire se mêlèrent à ceux de Juliette.

Jules fut un peu déconcerté ; et peut-être cet incident allait-il le rendre à lui-même en écartant le prisme au travers duquel le jeune enthousiaste avait jusque là regardé l'objet de son amour ; mais une petite main douce et blanche qu'on lui tendit l'empêcha de revenir sur ses pas.

— Vous nous aviez ôté l'espoir de vous revoir, monsieur, dit l'aimable enfant ; et en venant chercher chez M. Boisjoli les rôles qu'il a l'obligeance de copier pour moi, j'étais loin de m'attendre à vous y rencontrer.

— Ma foi, dit Jacques, si vous n'étiez arrivée, le cerveau fêlé du pauvre garçon était au diable : il y a une heure que je me tue à comprendre ce qu'il a et ce qu'il veut dire ; mais il me paraît que vous le comprenez, vous, et cela suffit.

Tout combat avait cessé dans le cœur de Jules ; assis près de la jeune fille, sur la taille de laquelle son bras s'était arrondi, il balbutiait de tendres aveux, auxquels Juliette répondait avec une apparente timidité ; mais ses regards semblaient trahir les secrets de son cœur, et Jules, en l'admirant, s'enivrait d'amour.

Plus de deux heures s'étaient écoulées, et nos amans ne songeaient pas à se quitter ; mais Jacques qui n'était pas amoureux, et qui avait en vain témoigné son ennui en sifflant quelques airs de vaudeville, prit le parti de faire observer à ses hôtes qu'il faisait nuit depuis long-temps. Juliette se leva, et notre séminariste sollicita et obtint la faveur de la reconduire.

Ils n'étaient pas encore au bas de l'escalier, lorsque Jacques s'avançant sur la rampe s'écria : — Eh ! Jules ! tu oublies ta soutane !....

Le sang monta au visage de notre héros, et il sentit que si son ancien camarade eût été près de lui dans ce moment, il eût payé cher cette mauvaise plaisanterie. Mais lorsqu'il revint, une heure après, reprendre ce vêtement, il se croyait si heureux qu'il ne songea même pas à faire le moindre reproche à son indiscret ami.

CHAPITRE IV.

Folie et sagesse.

La situation morale de Jules était bien changée ; en jouissant du présent il était parvenu à s'étourdir sur l'avenir ; il sortait souvent, passait près de Juliette de longues heures qui lui paraissaient toujours trop courtes ; et s'il n'avait plus pour l'étude cette ardeur d'autrefois, il s'y livrait cependant sans répugnance, et remplissait exactement tous les devoirs qui lui étaient imposés. Le père Hubert était content, car son neveu

avait recouvré sa gaîté ; et il ne
doutait pas que le spécifique qu'il
avait employé, c'est-à-dire le dîner
chez le restaurateur, n'eût opéré
cette guérison. Le supérieur s'aperçut aussi du changement qui s'était
tout-à-coup opéré dans son élève de
prédilection ; mais il n'en fut pas
aussi satisfait que le bon oncle, par
la raison que, s'il connaissait moins
les orateurs républicains, il connaissait beaucoup mieux le cœur humain.
Le bon pasteur observait la jeune
brebis, toujours prêt, au moindre
écart, à la prendre sur ses épaules
pour la ramener au bercail.

Jules se trouvait heureux, et il était
loin de penser qu'il dût bientôt ces-

ser de l'être, du moins de la même manière. Juliette était une idole à laquelle il consacrait tous les instans qu'il pouvait dérober à l'étude; il croyait l'aimer chaque jour davan‑ tage, et les preuves d'amour qu'il en avait reçues ne lui permettaient pas de penser qu'elle pût être infidèle..... Pauvre enfant! il devait bientôt ap‑ prendre à connaître la valeur des sermens d'amour! Un jour qu'après avoir, selon sa coutume, déposé chez Jacques son vêtement religieux, il parcourait d'un pas rapide la dis‑ tance qui le séparait de la jeune fille, un embarras de voitures le força de s'arrêter; brûlant d'amour et d'im‑ patience, il cherche à se frayer un

chemin en escaladant une borne contre laquelle est appuyée la roue d'une
voiture de place : parvenu sur ce
point élevé, ses regards plongent dans
la voiture... O surprise !... c'est elle,
c'est Juliette qu'il voit, se serrant près
d'un jeune homme comme pour y
chercher un abri contre le danger
qu'elle court !.... Jules reste immo-
bile ; la surprise , la colère , le désespoir suspendent toutes ses facultés ;
mais cet état dure peu ; Jules va écla-
ter..... En ce moment, la voiture
change de direction , et s'éloigne
avec rapidité. Notre jeune homme
s'élance sur ses traces ; il la suivra,
dût - elle le conduire au bout du
monde. Fort heureusement les fia-

cres ne vont pas si loin ; celui-ci s'arrêta sur le boulevard du Temple, à la porte du *Cadran bleu*. Le jeune homme descend et offre la main à sa compagne ; mais au même instant, Jules, en nage, hors d'haleine, s'élance entre eux. — Monsieur, dit-il d'une voix altérée, cette femme est une infâme qui nous trompe tous deux.....

— Elle me trompe... moi ! répondit l'étranger en souriant ; parbleu, je l'en défie !

— Je vous dis qu'elle m'a juré un amour et une fidélité à toute épreuve.

— Eh bien ! qu'est-ce que cela prouve ?.... qu'elle s'est moquée de vous. Quant à moi, mon cher monsieur, je ne promets point de fidélité, je n'en exige pas davantage ; je prends les femmes pour ce qu'elles veulent être, et j'ai pitié des sots qui cherchent près d'elles autre chose que des plaisirs d'un moment.

— Grand Dieu ! quelle dépravation !

—Délicieux !.. vraiment, délicieux ! repri le jeune homme en éclatant de rire ; le *grand Dieu!* surtout, est d'un bel effet... Si j'en avais le temps, je vous le ferais répéter ; mais....

— Vous m'insultez....

— Croyez-vous ?... Eh bien, tant pis, car je ne donnerais pas ma soirée pour la plus belle partie au bois de Boulogne, et j'ai pour demain matin un déjeûner charmant ; après cela, je serai à vos ordres... Allons, belle Juliette, la folie de cette victime de vos beaux yeux vous touche-t-elle à ce point que vous n'osiez le congédier ?

Juliette était en effet tellement interdite que, pendant cette scène, elle s'était caché le visage avec ses mains.

— Perfide ! dit Jules, en se tournant vers elle, puisque tu te fais un jeu du parjure, puisque, si jeune encore, tu braves...

Ici, Juliette, qui avait eu le temps de se remettre du trouble dont elle n'avait pu se défendre d'abord, interrompit notre héros en s'écriant :

— Monsieur l'abbé, faites-nous grâce

du reste ; nous n'aimons point les sermons en plein vent.

— L'abbé, l'abbé ! dit l'incroyable en riant plus fort ; en vérité l'aventure est impayable !....

Cependant les oisifs (et Dieu sait s'il y en a sur le boulevard du Temple) s'étaient rassemblés autour de la voiture.

— Un abbé ! jour de Dieu ! dit une grosse commère portant sous son bras un barbet à poil long et crotté, dites donc, père Lariole, c'est-il pas criant, un abbé faire des scènes pareilles à une particulière !

— Ne m'en parlez pas, mère Taupin, ce *sièque*-ci est un *sièque démonétisé*.

— Dites donc, mon chou, criait une écaillère, y paraît que vous les aimez fraîches !... Eh bien, mon poulet, on t'en fera faire en peinture pour mettre dans ton bréviaire ..

Le pauvre Jules, poursuivi par ces quolibets, était déjà à quelque distance du *Cadran bleu* ; mais les oisifs et les brocards le suivaient à la piste. Pour les éviter, notre amant trahi entre dans le café Turc, se tapit dans un coin, et, dans son trouble, il ne s'aperçoit pas qu'il vient de s'asseoir sur un large chapeau à cornes dont le propriétaire lit gravement le *Moniteur*.

— Que diable, citoyen, dit celui-ci, faites donc attention à.... Ah ça !

est-ce que je rêve, moi ?... mais non,
corbleu !... c'est bien toi, Jules !

— Ciel ! mon oncle !....

— Par exemple, voici du nouveau !.... Çà, mon drôle, est-ce que
l'on s'est insurgé contre l'autorité du
révérend ?...

— Mon cher oncle, c'est la Providence qui vous envoie à mon secours.... J'ai fait bien des fautes, de
grandes fautes.... Je suis bien coupable....

— Es-tu fou, Jules ?.... Est-ce au
milieu d'un café que tu vas faire ta
confession ?

Et le père Hubert remarquant que
les joueurs de domino qui occupaient
les tables voisines de la sienne avaient

déjà interrompu leur partie pour examiner le jeune homme dont l'air égaré et la voix émue se faisaient aisément remarquer, le père Hubert, dis-je, prit son neveu d'une main, son chapeau de l'autre, et sortit précipitamment.

— Allons, mon garçon, dit le bon oncle quand ils furent loin de la foule ; calme-toi, et tâche de me raconter tranquillement ce qui t'est arrivé.

— Oui, oui, je vous dirai tout.... Je l'aimais... je l'adorais...l'infâme!... je lui aurais fait le sacrifice de mon avenir, de ma vie entière, et....

— Doucement, doucement, Jules : il me semble que je commence à comprendre ; mais je remarque que tu prends le discours par la queue, et je suis forcé de te faire observer que ce n'est pas la manière des bons orateurs.

— J'étais heureux ; je la vis et je connus en même temps l'amour et le chagrin ; je fus payé de retour , et je devins le plus fortuné des hommes.... et pourtant, l'infâme , la perfide.... la misérable....elle a brisé mon cœur!.... Mon cher oncle , mon bon oncle Hubert , tout le mal est là....

— Assez, Jules , assez, mon ami. Tu n'es pas encore dans ton assiette ; mais je suis tranquille , car tu es en train de guérir. Tu as été trompé , tant mieux : un peu plus tôt , un peu plus tard, il faut que cela arrive à tout le monde.... Je l'ai bien été, moi, Hubert!.... et par qui? par une Agnès qui passait pour la citoyenne la plus innocente de la section.... Il est vrai que je n'étais pas au séminaire; mais que veux-tu, mon garçon : c'est une race maudite qui tromperait toute une république de bienheureux. Il y a pourtant, dans tout cela, quelque chose que je ne te pardonne pas; c'est de m'avoir fait un mystère de cet amour, et surtout de l'avoir caché au révérend qui t'aime tant, et qui bien certainement t'aurait guéri tout d'a-bord, car c'est un habile homme, qui marche sans tâter, et qui, au premier mot, aurait mis le doigt sur la plaie.

— Vous avez raison, mon cher oncle, reprit Jules, dont l'exaltation diminuait sensiblement; j'ai manqué de confiance envers les gens qui m'aimaient; c'est une faute dont je devais être puni. Mais cette faute, je veux la réparer autant que cela est possible : je vais, de ce pas, trouver ce saint homme, me jeter à ses pieds, et implorer mon pardon.... Et vous, mon bon oncle, me pardonnerez-vous?....

— C'est fait, mon ami. Je ne garde jamais rancune aux gens qui reconnaissent leur tort. Mais tu n'es pas assez calme pour que je te laisse seul : je t'accompagnerai jusqu'à Saint-Sulpice.

Cette dernière proposition ne convenait guère au jeune homme; il craignait que, une fois en chemin, le père Hubert ne voulût aller jusqu'au séminaire; mais heureusement il n'en fut rien : après avoir repris chez Jacques son costume de lévite, ils prirent ensemble le chemin de la rue du Pot-de-Fer, où Jules arriva après avoir fait ses adieux à son oncle sur la place de l'église.

Jules était beaucoup plus calme, et cependant la plaie de son cœur était encore saignante. Il franchit en un instant l'espace qui le séparait du séminaire ; et dix minutes ne s'étaient pas écoulées depuis qu'il avait quitté son oncle, lorsqu'il se jeta aux pieds

du respectable prêtre auquel il se reprochait si amèrement et à si juste
titre d'avoir caché jusqu'alors l'état de
son cœur.

— O ! mon père , s'écria-t-il , ne
détournez pas les yeux de dessus un
misérable pécheur qui implore votre
appui!....

— Levez-vous , Jules : il y a long-
temps que j'ai prévu ce qui arrive.
J'avais lu dans votre cœur, et votre
silence m'affligeait.... Mais vous re-
venez à moi plus tôt que je ne l'espé-
rais, et j'en rends grâce au ciel!....

— Hélas ! que je suis loin de méri-
ter ces paroles de consolation !.....
Quand vous saurez combien je suis
coupable!.....

— Vos fautes, mon cher fils, ne sauraient être plus grandes que la miséricorde divine. Encore une fois, levez-vous et parlez avec confiance : ne savez-vous pas que le repentir du pécheur est aussi agréable à Dieu que les bonnes œuvres du juste, et que l'Évangile nous recommande de consoler les affligés?

Malgré ces paroles, Jules était resté à genoux ; mais l'homme selon Dieu s'inclina vers le jeune lévite, lui prit affectueusement les mains, et le força de se relever. Tant de bonté, cette charité vraiment évangélique ne servit qu'à faire sentir plus vivement à Jules les fautes qu'il avait commises, et qu'il ne put confesser sans verser un torrent de larmes.

— La volonté de Dieu soit faite, dit le saint homme, après avoir écouté attentivement le récit du séminariste. Il peut à son gré faire jaillir le bien de la source du mal..... Allez, mon jeune ami ; votre âme a passé de l'agonie à la convalescence : le ciel vous préserve d'une rechute !

Cette convalescence fut d'autant plus rapide que la crise qui l'avait amenée avait été violente. Quelques jours s'étaient à peine écoulés, que Jules se demandait s'il était bien le même homme ; si c'était bien lui dont l'avenir et le salut avaient été mis en péril par les beaux yeux d'une grisette. Fermement résolu à marcher désormais d'un pas assuré dans la carrière que ses pauvres parens ne lui avaient ouverte qu'à la sueur de leur front, il redevint ce qu'il était dans les premiers jours de son entrée au séminaire ; et le digne supérieur qui l'encourageait faisait des vœux ardens pour que le souffle impur qui avait tenté de flétrir cette jeune plante en fût écarté sans retour.

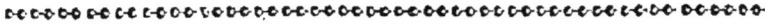

CHAPITRE V.

La jeune vierge.—Amour et vanité.—Rupture.

PLUSIEURS mois s'écoulèrent sans qu'il arrivât rien de remarquable à notre séminariste. De même que les matelots en entrant dans le port oublient tous les dangers qu'ils ont courus pendant une longue traversée, Jules, oubliant les chagrins que lui avait causés son premier amour, se croyait pour toujours à l'abri des passions; et fort de l'épreuve qu'il avait subie, il eût défié toutes les Juliettes du monde de troubler désormais sa tranquillité : et pourtant cette tranquillité ne devait pas être de longue durée ; car un séminariste, eût-il la chasteté de Suzanne, a aussi un cœur et des yeux, et l'on sait maintenant que celui dont nous traçons l'histoire avait de cela autant que qui que ce fût. Or il arriva que les yeux de Jules s'arrêtèrent souvent sur une jeune fille charmante qui, accompagnée d'une femme de chambre, assistait régulièrement au service divin dans l'église de Saint-Sulpice, et avec laquelle le hasard ou quelque autre cause faisait qu'il se rencontrait à la sortie du temple ; de telle sorte que Jules qui, parce qu'il n'était plus amoureux, ne se croyait pas dispensé

d'être poli , avait plusieurs fois offert
l'eau bénite à cette jeune vierge ; il
avait même remarqué sous un voile
de gaze une figure angélique , un
front d'ivoire qu'ombrageaient quelques boucles de beaux cheveux blonds;
et souvent un léger sourire lui avait
permis d'admirer deux rangées de
perles derrière des lèvres de rose. Il
voyait , il admirait tout cela, et bien
qu'en pareil cas il n'y ait qu'un pas de
l'admiration à l'amour, Jules n'était
pas amoureux ; s'il eût craint de
le devenir , le rang de la jeune personne l'eût en quelque sorte rassuré :
car il avait observé qu'un riche équi-
page l'attendait toujours à la porte ;
et la certitude devoir rejeter ses hom-

mages eût suffi pour l'empêcher de les offrir jamais.

Cependant l'assiduité de la pieuse demoiselle devenait de plus en plus remarquable ; elle ne manquait pas un sermon, pas le plus petit office. Jules, toujours à cheval sur la belle résolution qu'il avait prise, ne passait presque pas de jours sans voir cette sainte beauté ; et bien que le hasard qui les amenait toujours en même temps à la porte du temple dût lui paraître suspect, il ne soupçonnait pas qu'il pût y avoir préméditation de la part de l'inconnue.

Cela durait depuis trois mois, lorsque le séminariste crut remarquer quelque changement dans les traits

de la jeune fille. Ses yeux lui paru-
rent avoir perdu quelque chose de
leur vivacité; ses lèvres étaient moins
vermeilles, et les roses de son teint
avaient disparu. Plusieurs fois Jules
avait été tenté de lui faire observer que
les longues heures qu'elle passait à l'é-
glise dans une saison rigoureuse pouvaient avoir une fâcheuse influence
sur sa santé ; mais bien qu'il ne voulût
pas se l'avouer, il ne se sentait pas le
courage de renoncer à la douce ha-
bitude de voir cette charmante personne; et cela, joint à une espèce de
timidité qu'il ne pouvait définir, et
qu'il n'avait pas éprouvée près de Juliette, l'empêcha de parler.

Peu de temps après cette remarque

que Jules avait faite, la jeune fille cessa tout-à-coup de revenir à l'église. Notre séminariste eut beau se répéter qu'il n'était pas amoureux, il ne put se défendre de quelque chagrin ; mais quelques jours suffirent pour dissiper ce léger nuage, et déjà il avait presque oublié la jeune vierge aux blonds cheveux, lorsque un jour qu'il sortait du séminaire pour aller visiter ses bons parens, il fut accosté par un personnage dont la démarche et le costume annonçaient l'opulence ; son manteau entr'ouvert laissait voir sur son habit les cordons de plusieurs ordres. Jules fit un pas de côté pour lui livrer passage ; car il était loin de penser que c'était lui que cherchait ce personnage. Mais l'inconnu se tourna vivement vers lui , et après l'avoir regardé fixement pendant une seconde, il dit : — Ne vous nommez-vous pas Jules Bertrand?

— C'est bien mon nom , répondit le jeune homme.

— Cela étant , je vous conjure, au nom de l'humanité , de m'accompagner sur-le-champ.

La surprise du séminariste fut grande ; à son tour il regarda attentivement son interlocuteur.

— Veuillez au moins, monsieur , lui dit-il , m'expliquer cette étrange invitation.

— Que puis-je vous dire ?... Ma fille, ma fille unique est près de rendre le

dernier soupir; dans son délire , elle
ne cesse de prononcer votre nom ,
elle vous voit , vous parle, et ses
phrases sans suite expriment la plus
violente passion; il y a deux heures
qu'ayant tout - à - coup recouvré la
tranquillité et la connaissance , elle
m'a supplié de vous amener près d'elle.
Sans doute vous connaissez la fille du
marquis de Rinanval?

— Je vous jure que je viens d'entendre prononcer ce nom pour la première fois.

— Cela est vraiment incompréhen-
sible , car bien certainement ma fille
vous connaît; elle sait votre nom,
votre profession : les renseignemens
qu'elle m'a donnés se trouvent très-

exacts. « Je mourrai contente, m'a-t-elle dit, si cet ange vient me fermer les yeux »…. Mais, au nom du ciel, ne tardons pas davantage : ma voiture est à deux pas ; je vous conjure de nouveau de m'accompagner.

Jules ne revenait pas de son étonnement. Cependant il n'hésita pas à suivre le marquis ; en quelques minutes, la voiture les conduisit rue de Grenelle, et s'arrêta dans la cour d'un hôtel somptueux.

— Comment est ma fille ? demanda le vieillard au médecin qui sortait.

— Elle est beaucoup plus calme, monsieur ; elle attend votre retour avec une impatience bien vive ; faites en sorte que les nerfs ne soient irrités

par aucune contrariété, et si le mieux
se soutient jusqu'au soir, il y aura de
l'espoir, beaucoup d'espoir.

Le marquis essuya une larme qui
venait de s'échapper furtivement, et
prenant la main du jeune lévite, il le
conduisit dans la chambre de la malade. Jules resta debout près de la
porte, tandis que son conducteur, qui
s'était approché du lit, parlait à demi-
voix à sa fille mourante. Le séminariste entendit prononcer ces mots : *Il
est ici.* Aussitôt la jeune malade ras-
semblant un reste de forces souleva sa
tête de dessus l'oreiller ; une légère
rougeur vint animer son pâle visage ;
ses regards se dirigèrent vers la porte,
et Jules reconnut la pieuse vierge qui

assistait naguère avec une si grande
assiduité aux offices de Saint-Sulpice.

— Approchez, monsieur Jules,
dit-elle d'une voix presque éteinte: oh!
combien je craignais que vous ne vins-
siez trop tard !... car à présent je puis
le dire, puisque, si c'est une faute,
ma mort va bientôt l'expier : je vous
aime, monsieur Jules !.... vous seul
remplissez mon cœur... Je ne regrette
pas la vie, car nous ne pouvions être
unis dans ce monde...

La situation du séminariste était
fort embarrassante : vivement ému,
ses larmes tombaient sur la main de
la tendre Eugénie. Le marquis aussi
pleurait, car il aimait tendrement sa
fille, et les paroles qu'elle venait de

prononcer brisaient son cœur. Cinq minutes s'écoulèrent sans qu'il fût possible à Jules de prononcer un mot ; enfin, il se mit à genoux au chevet du lit de la jeune fille, et dit :

— Si pour vous rendre à votre père il ne faut que vous consacrer ma vie, parlez, elle vous appartient dès aujourd'hui.

Un rayon de bonheur se répandit sur le visage d'Eugénie, et en fit disparaître pour un instant les traces du mal qui l'accablait.

— Excellent jeune homme ! s'écria le marquis, sauvez-la.... sauvez ma fille!... O mon Eugénie ! pourquoi as-tu douté de la tendresse de ton père?... pourquoi ne m'avoir pas laissé lire dans ton cœur?... Tes moindres désirs ne sont-ils pas des ordres que j'exécute sans peine et sans regret?...

Et les sanglots l'empêchèrent d'en dire davantage. Mais la jeune fille semblait être dans le ravissement; une douce joie brillait dans ses regards, et sa main serrait doucement celle du jeune homme.

— Monsieur, reprit le marquis, ma maison vous est ouverte : refuserez-vous d'y apporter la consolation ? Si la permission de votre supérieur est nécessaire, je l'obtiendrai, j'en suis sûr.

— Eh! quelle puissance serait capable de me retenir, s'écria Jules, puisqu'il s'agit de rendre cet ange à son père ?

Le jeune homme s'était relevé; assis maintenant près du chevet, il tenait dans ses mains celles de la malade , dont l'état était sensiblement amélioré; elle ne parlait pas; lui aussi gardait le silence, et pourtant comme ils s'entendaient !.... Le marquis, assis près d'une table, la tête penchée sur la poitrine , semblait enseveli dans ses réflexions.

Le reste du jour se passa ainsi; vers le soir le médecin vint ; il déclara que l'état de la malade était plus satisfaisant qu'il n'avait osé l'espérer. Ces paroles rendirent l'espérance au marquis ; mais on eût dit qu'à mesure qu'il espérait davantage il oubliait à qui il était redevable de cet heureux changement.

Jules se leva pour partir ; mais la tendre Eugénie ne consentit à le laisser sortir qu'à condition qu'il reviendrait le lendemain. Quant à M. de Rinanval, il se contenta de répondre au salut du jeune homme par un sourire protecteur. Le séminariste remarqua ce changement ; il en fut vivement blessé , et il n'en eût certainement pas fallu davantage pour lui faire prendre la résolution de ne jamais revenir dans cet hôtel, s'il ne se fût agi de la vie d'une femme que , sans le savoir, il aimait déjà depuis long-temps.

Notre héros ne se dissimulait pas la position délicate dans laquelle il se trouvait : il aimait, il était aimé ; mais, cette fois, il ne s'agissait pas d'un amour d'un jour, d'une liaison avec une grisette ; c'était une passion véritable dont les racines, déjà profondes, ne pouvaient que s'étendre encore. Jules délibère chemin faisant sur le parti qu'il doit prendre. Ira-t-il ouvrir son cœur au prêtre vénérable dont les conseils et l'indulgence l'ont déjà arraché au précipice ? Ce serait le plus sage ; mais, après cette révélation, il faudrait ou renoncer à voir Eugénie, ou quitter pour tou-

jours le séminaire; et Jules se sent
incapable de prendre l'une de ces
résolutions. Il se taira donc; il atten-
dra du temps les moyens de concilier
son amour et ses devoirs.

Un amoureux ne manque jamais
de prétextes; Jules en trouvait chaque
jour de nouveaux pour justifier ses
fréquentes absences; et tout le temps
qu'il pouvait dérober à l'étude il le
passait près de la tendre Eugénie, qui
se trouva si bien de ce régime, qu'elle
ne tarda pas à être tout-à-fait hors
de danger.

Cependant l'embarras de M. de
Rinanval était grand; l'espèce d'en-
couragement qu'il avait donné à ces
jeunes gens le mettait dans une po-

sition difficile ; car on devine qu'un chagrin violent causé par la crainte de perdre sa fille unique l'avait seul porté à approuver tacitement les sentimens d'Eugénie, et qu'il n'était pas le moins du monde disposé à donner la main de son unique héritière au fils d'un tailleur du Marais. Congédiera-t-il brusquement le séminariste ? Un instant il en a eu l'intention ; mais il a reculé devant l'exécution, car il a senti qu'une pareille conduite serait méprisable. Et puis, Eugénie est à peine convalescente, et cette rupture pourrait amener une rechute d'autant plus dangereuse qu'il serait impossible de recourir au moyen de salut qu'il avait été si heureux de trouver une première fois.

Les choses n'avaient pu arriver jusque là sans que l'œil vigilant du pasteur eût remarqué le nouveau changement qui s'était fait dans le moral de son élève de prédilection. — Mon fils, lui dit-il un jour, je crains fort que la Providence n'ait jugé convenable de mettre votre jeune cœur à une nouvelle épreuve. Vous souffrez : pourquoi ne pas me confier vos chagrins, afin que je vous aide à les supporter ?

— Je suis en paix avec ma conscience, répondit Jules en baissant les yeux.

Il disait vrai ; sa conscience était

pure ; mais son cœur était malade , et il redoutait le remède qu'aurait pu lui proposer le bon prêtre.

— O mon jeune ami , reprit ce dernier, Dieu veuille écarter de vos lèvres le calice d'amertume ! mais s'il faut que vous le vidiez , pourquoi rejeter les secours de celui qui vous aime comme son fils?

Le jeune homme garda le silence, et le supérieur n'insista point ; mais il résolut de ne rien négliger pour découvrir la cause du changement qu'il avait remarqué en son protégé.

De son côté, Jules sentait de plus en plus la nécessité de prendre une résolution. La froideur toujours croissante du marquis lui avait enlevé le

faible espoir qu'il avait conçu naguère,
lorsque les portes du tombeau semblaient s'ouvrir pour la belle Eugénie :
il sentait que le jour où il aurait une
explication avec M. de Rinanval serait
le dernier où il lui serait permis de
revoir sa tendre amie. Mais bientôt
cette explication devint indispensable;
car Eugénie était tout-à-fait convalescente, et les manières du marquis
étaient presque insultantes.

— Monsieur le marquis, lui dit-il
un jour, je ne prétends pas tirer le
moindre avantage des circonstances
qui m'ont conduit chez vous; mais je
crois qu'il est temps de nous entendre sur le but des relations qui se sont

établies entre nous. De vous seul peut émaner l'arrêt qui doit décider de mon sort ; parlez sans hésiter. Le père d'Eugénie peut tout attendre de moi.

— Bien, jeune homme, très-bien ! Je suis enchanté de vous entendre exprimer de si louables sentimens : vos paroles soulagent mon cœur d'un poids terrible ; elles prouvent que vous ne partagez pas l'extravagance de ma fille....

Jules pâlit et trembla ; il sentit qu'il allait être la victime de sa générosité.

— Monsieur, monsieur ! s'écria-t-il, au nom du ciel, réfléchissez aux suites que peut entraîner votre décision........ Je vois encore votre

fille mourante.... J'entends vos sanglots qui déchirent mon âme.....

— Si je comprends bien, répliqua
M. de Rinanval en fronçant le sourcil,
cela veut dire que tout à l'heure je
vous ai jugé trop favorablement, et
que vous n'êtes pas disposé à aban-
donner si facilement vos avantages.....
Faut-il donc que je vous rappelle l'en-
gagement qui vous lie envers l'Église?...
Me forcerez-vous à vous rappeler la
distance incommensurable qui nous
sépare?...

— C'est assez, monsieur; n'insistez
pas, car vous me forceriez à vous rappeler à mon tour que je n'ai point sol-
licité la faveur d'être reçu chez vous,
et qu'il n'est entre nous d'autre dis-

tance que celle qui sépare l'homme
sans foi de celui qui mourrait plutôt
que de manquer à ses engagemens....
Je ne suis point lié par des vœux,
monsieur; et peut-être vous devrai-je
de ne l'être jamais....

— Jeune homme! oubliez-vous que
vous êtes chez moi ?

— C'est vous, monsieur, qui oubliez
comment et pourquoi j'y suis venu....
Adieu, monsieur; fasse le ciel que ma
présence ici soit désormais inutile!...
Pour moi, en paix avec ma conscience,
si je ne puis l'être avec mon cœur, je
tâcherai d'avoir le courage de vivre et
de vous oublier.

CHAPITRE VI.

Chagrin.—Espoir.—Départ.

En sortant de l'hôtel du marquis Jules marcha au hasard ; à peine voyait-il les objets qui l'entouraient. De temps en temps il portait la main à son front brûlant ; ses yeux presque hagards se levaient vers le ciel, et il balbutiait des mots sans suite. Ce fut ainsi qu'il traversa tout le faubourg Saint-Germain ; et déjà il avait fait beaucoup de chemin dans la campagne, lorsqu'il parvint à mettre un peu d'ordre dans ses idées. Le grand air avait rafraîchi son sang enflammé ; il s'arrêta. Le jour allait finir : seul au milieu de la campagne, il lui semblait qu'il était pour toujours séparé du reste des hommes ; et cette pensée, par la raison même qu'elle alimentait sa douleur, avait pour lui une espèce de charme.

—C'en est fait, se dit-il, je renonce pour toujours à ce monde corrompu; je fuirai ces hommes sans foi pour qui rien n'est sacré!... Oh! que ne puis-je à l'instant même me jeter dans les murs d'un cloître pour y attendre le jour où je dois entrer dans un monde meilleur !...

Comme il prononçait ces mots , le son d'une cloche vint frapper son oreille : il regarda autour de lui , et reconnut qu'il était près du monastère de Mont-Rouge. Alors de nouvelles pensées vinrent l'assaillir; il se rappela les doctrines , les vices et les crimes de cet ordre réprouvé , bravant à la face de l'univers l'autorité des lois ; il se demanda si les passions humaines ne devaient pas fermenter avec plus de violence dans la solitude ; puis il pensa qu'il ne devait pas compte de son avenir qu'à lui seul.

—Eh bien ! se dit-il , puisqu'il faut vivre avec les hommes , travaillons à les rendre meilleurs : tâchons de vain-

cre nos passions, pour leur apprendre
à triompher des leurs!

Alors, d'un pas rapide et assuré, il
rentra dans Paris, et ne tarda pas à
arriver près de Saint-Sulpice. Comme
il approchait du séminaire, il aperçut
une femme qui se promenait lentement de long en large; au bruit des
pas du jeune homme elle leva les yeux,
fit un mouvement de satisfaction, et
vint droit à lui.... C'était la femme de
chambre d'Eugénie.

— Monsieur, lui dit-elle, voici une
lettre de ma maîtresse.....

— Une lettre! s'écria Jules, une
lettre d'Eugénie!....

Il ne pouvait le croire, car il lui
semblait impossible qu'Eugénie, en-

core si faible , eût osé braver l'autorité paternelle.

— Monsieur , reprit la suivante , ce
sont sans doute de bonnes nouvelles ;
car mademoiselle paraissait bien gaie
en me remettant ce papier..... Le
suisse m'ayant dit que vous n'étiez pas
rentré , je vous ai attendu ; et je vais
maintenant retourner près de mademoiselle, qui sera bien contente d'apprendre que j'ai réussi à vous voir.

Jules, qui revenait avec la résolution
d'aller se jeter aux pieds du supérieur,
pensa qu'il devait, avant tout, prendre
connaissance de l'épître à laquelle il
était , un instant avant, si loin de s'attendre. Dès qu'il put satisfaire sa cu-
riosité sans crainte d'être surpris par

d'indiscrets observateurs, il rompit le cachet.

« L'orage est calmé, ô mon ami; ce
« bon père n'est coupable que de trop
« de tendresse pour sa fille..... Reve-
« nez près de nous, cher Jules. Mon
« cœur s'élance vers l'avenir, quand je
« me dis que nous sommes destinés
« à vivre l'un pour l'autre.... Mon
« père n'a pu résister à mes larmes,
« à mon désespoir.... Il est mainte-
« nant dans son cabinet : sans doute
« il s'occupe de notre bonheur. Il doit
« vous écrire demain, mon ami. Dans
« tous les cas n'oubliez pas que je
« mourrais de douleur si vous ne ve-
« niez point.... Pourquoi ne vous
« écrirais-je pas ?... Cette lettre ne

« contient que ce que j'avouerais à la
« face du monde entier.... Qui, plus
« que mon Jules, a jamais mérité cette
« preuve d'amour!... »

Cette lettre était presque une énigme
pour notre jeune homme ; il ne concevait pas que le marquis eût fait
part à sa fille de ce qui s'était passé ,
ni qu'il eût si promptement changé
d'avis. Voici comment la chose était
arrivée : aussitôt après le départ du
séminariste , M. de Rinanval , encore
tout ému de la scène que nous avons
rapportée , était entré chez sa fille ;
et la situation d'esprit dans laquelle il
se trouvait ne lui permettant guère de
songer aux ménagemens qu'il devait
prendre en pareil cas , il dit :

— J'espère, Eugénie, que vous me saurez gré de ma complaisance : je me suis prêté à toutes vos fantaisies; peut-être même ai-je fait plus que ne le permettait la dignité d'un homme de ma condition. Quoi qu'il en soit, je ne veux point vous faire de reproches; mais il est temps que ces folies finissent, et vous approuverez sûrement la résolution que j'ai prise de rendre à ses études ce jeune homme qui....

—Quoi! mon papa; il se pourrait?... Jules!.... vous auriez la cruauté!... ô mon Dieu! pourquoi avez-vous retenu mon âme lorsqu'elle était prête à s'envoler vers vous!....

— Ce jeune homme est plus rai-

sonnable que vous, Eugénie : c'est
lui qui a provoqué l'explication par
suite de laquelle il ne doit plus repa-
raître ici.

— O mon père !.... mon père ! s'é-
cria la jeune fille ; et se laissant tomber sur un fauteuil elle perdit connaissance.

A l'instant la colère de M. de Rinanval fut calmée ; il se précipita vers
sa fille.

— Eugénie !... ma chère enfant...
au nom du ciel....

Et il courut à la sonnette, qu'il
agita violemment. Les secours les
plus prompts furent prodigués à la
jeune convalescente, qui rouvrit bientôt les yeux.

—Ma chère fille, disait le marquis, est-il possible que tu me croies capable de faire ton malheur?... Les choses n'en sont pas où tu penses... le jeune homme reviendra.... je lui écrirai s'il le faut.

Lecteur, que la faiblesse de M. de Rinanval étonne, n'oubliez pas que ce personnage si fier de sa noblesse était à la fois père et marquis : il chérissait sa fille presque autant que ses parchemins.

Les paroles de M. de Rinanval, beaucoup plus que les sels, firent cesser l'évanouissement d'Eugénie.

—Mon cher papa, lui dit-elle lorsqu'elle put parler, je vous devrai trois fois la vie.

Un soupir fut toute la réponse du marquis ; et de peur d'être obligé de renouveler les promesses qu'il regrettait déjà d'avoir faites, il alla s'enfermer dans son cabinet. Les amoureux se flattent aisément : Eugénie ne douta pas que son père ne s'occupât des moyens de l'unir promptement à Jules ; et le cœur plein de cette douce certitude, elle écrivit au séminariste les lignes que nous avons rapportées plus haut.

Cependant Jules attendit vainement la lettre du marquis, et vers la fin de la journée il flottait incertain entre le désir de voir sa tendre amie et la crainte d'être mal accueilli par M. de Rinanval ; mais il relut le billet

qu'il avait reçu, et ces mots : « N'ou-
« bliez pas que je mourrais de dou-
« leur si vous ne veniez point, » firent
cesser son incertitude. — Allons, se
dit-il, puisqu'elle le veut. Et il partit.
Mais à peine eut-il franchi la porte
cochère de l'hôtel que le suisse l'arrêta :

— Mensié lé marguis n'être bas
ici....

— Quoi ! monsieur de Rinanval
n'est....

— Ya ! mensié lé marguis de Rinanval il y être pardi à son gampagne.

— A la campagne?... Et mademoiselle ?

— Mademoiselle il y être aussi à son gampagne.

Jules atterré par cette nouvelle fut quelques secondes sans pouvoir parler. Puis il demanda où était située cette campagne ; et la femme du suisse, qui probablement était un peu dans la confidence, s'avança pour répondre : — Le château de Bisecourt, dit-elle, est situé près de Vernon, sur les bords de la Seine, à vingt lieues de Paris.

Dès que Jules eut entendu ce peu de mots, il sortit, car il craignait de ne pouvoir cacher le trouble que la nouvelle de ce départ précipité jetait dans son âme.

— Ce n'est pas elle qui me fuit, se

dit-il. Cet homme orgueilleux l'a trompée, et cette tendre colombe est sûrement victime d'une ruse diabolique.

Le jeune homme ne se trompait point : le marquis s'était promptement repenti de la promesse qu'il avait faite à sa fille, et que la frayeur lui avait arrachée ; il pensa que loin de Paris Eugénie prêterait plus facilement l'oreille aux raisonnemens avec lesquels il espérait la convaincre de la nécessité de renoncer au fol espoir qu'elle avait conçu.

Le printemps commençait; la jeune convalescente accepta volontiers la proposition que lui fit son père d'aller prendre l'air au bois de Boulogne, et

tous deux montèrent en voiture. Mais
M. de Rinanval avait donné des ordres
secrets à ses gens, et au lieu de se
diriger vers le bois, la voiture arriva
bientôt à la barrière Saint-Denis, où
des chevaux de poste l'attendaient.

Jamais Jules n'avait ressenti de
chagrin plus cuisant : en perdant la
compagne qu'il chérissait, il perdait
aussi l'estime qu'il avait eue pour le
père de sa belle amie, et que, pour
l'amour d'elle, il aurait voulu con-
server toujours. Ses pensées étaient
pourtant moins tumultueuses que la
veille ; et il se sentait capable de dé-
libérer sur ce qu'il devait faire : l'intention d'aller implorer les conseils
de son supérieur lui revint un ins-

tant ; mais avant de se résoudre à faire cette démarche, il interrogea son cœur, et il fut convaincu que le mal avait des racines trop profondes pour être si facilement détruit.

— O mon père ! ma bonne mère ! s'écria-t-il, il faut donc que vous renonciez aux espérances qui charmaient votre vieillesse !.... Vous vouliez que votre fils fût un ministre de paix et de charité..... La paix, hélas ! est pour toujours loin de lui ; et la charité, il est réduit à l'implorer !....

Et pourtant le jeune homme espérait encore ; car si l'espérance pouvait se perdre, c'est dans le cœur d'un amoureux qu'on la retrouverait. Peut-être l'absence du marquis n'est-elle

que momentanée ; une affaire impré-
vue aura pu le forcer de partir précipitamment.... Et puis, quoi qu'il arrive, il est impossible que sa chère
Eugénie ne lui donne bientôt de ses
nouvelles....

C'est en se disant toutes ces choses,
qui n'étaient pas, il est vrai, trop dé-
raisonnables, que Jules retournait au
séminaire. Sa tristesse ne fut pas re-
marquée ; car depuis long-temps on
était en quelque sorte habitué à l'iné-
galité de son humeur; et le supérieur,
qui était le seul qui en soupçonnât la
cause, attendait avec une espèce de
confiance que son jeune élève vînt
une seconde fois implorer les consola-
tions qu'il se proposait de lui prodiguer.

Deux jours s'écoulèrent; le troisième commençait à paraître, et Jules, dont le sommeil n'avait pas fermé la paupière depuis la disparition d'Eugénie, cherchait en vain le repos sur sa couche solitaire : la fièvre et le chagrin enflammaient son sang, et remplissaient son cœur d'amertume. Il essaya de prier; mais son esprit trop occupé des choses de ce monde ne put s'élever vers la divinité. Il sortit, et long-temps il erra à l'aventure dans les rues de la capitale, car il marchait sans but. Ce ne fut que dans l'après-midi qu'il se décida à retourner à l'hôtel du marquis; et le suisse lui tint à peu près le même langage que la première fois : il ne savait quand

M. de Rinanval reviendrait; mais il pensait que ce ne serait pas avant la fin de la belle saison.

Ce coup acheva de faire perdre au pauvre séminariste le peu de raison qui lui restait : il se retira en roulant dans sa tête mille projets plus insensés les uns que les autres. Le peu de temps qui s'était écoulé depuis le départ de sa jeune amie n'avait servi qu'à augmenter encore la violence de l'amour qu'il ressentait ; et désormais le séjour du séminaire devait être pour lui un supplice qu'il ne se sentait pas le courage de braver.

— Partons, partons, s'écria-t-il, fuyons cette terre maudite....Qu'importe où je vivrai, puisque ma vie ne peut être utile à personne, et m'est à moi-même insupportable!.... Eugénie, tendre Eugénie! je te reverrai.... Dieu fera le reste!....

Ce ne sont pas de vaines paroles : la résolution du jeune fou est inébranlable. Sa bourse contient assez d'argent pour lui permettre d'échanger sa soutane contre un habit de laïque ; il n'hésite pas à faire cet échange ; et lorsque le jour finit, il était déjà loin de la capitale.

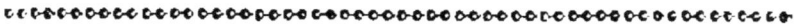

CHAPITRE VII.

Voyage. — Le garde-chasse.

JULES marcha toute la nuit; au point du jour il se reposa quelques instans sur le revers d'un fossé, et deux heures après il arriva au sommet d'une colline d'où il aperçut le château de Bisecourt. C'était une belle maison de plaisance, située à mi-côte, et dans une position telle que Jules pouvait voir très-distinctement ce qui se passait dans les cours. Notre jeune homme examine d'abord avec attention; et son cœur bat avec tant de force, qu'il

est contraint de s'arrêter. Mais bientôt
cette émotion se calme ; Jules se demande ce qu'il va faire. Cette maison, il
en est certain , renferme l'objet de son
amour ; mais à quoi lui aura servi le
voyage qu'il vient de faire, s'il ne peut
y pénétrer ? Cette réflexion n'est pas
consolante. Jules soupire ; il s'arrête ,
s'assied sur un petit tertre , et cherche
un expédient, sinon pour s'introduire
dans le château, au moins pour faire
savoir à Eugénie qu'il est près d'elle ,
qu'il l'adore toujours, et qu'il est décidé à tout souffrir plutôt que de renoncer à l'espoir de la posséder. Il est
vrai que ces tendres protestations n'a-
vanceront pas beaucoup ses affaires ;
elles ne pourront garnir sa bourse, qui,

comme on se le rappelle, est excessive-
ment légère ; et il faudrait bien autre
chose que des phrases pour décider le
marquis à donner sa fille unique au
fils d'un tailleur. Mais les amoureux
sont tous comme cela : parler de leur
amour est pour eux la chose essen-
tielle ; c'est toujours par là qu'ils com-
mencent.

Jules déraisonnait donc mentale-
ment ; il faisait du pathos , du galimatias double , lorsqu'un certain
mouvement qu'il aperçut dans les
cours du château attira son attention :
il voit une calèche s'avancer vers le
perron; et quelques minutes après, un
personnage étant monté dans cette
voiture , elle sortit du château. Jules

ne la perd pas de vue , et il s'assure
que ce personnage est le marquis lui-
même. Cette circonstance est favora-
ble. Eugénie n'est pas seule sans doute;
mais son père est absent , et c'est un
grand obstacle de moins à vaincre
pour arriver près de la tendre amie.
Jules ne réfléchit plus; il s'élance dans
le chemin qui conduit au château ;
mais il n'a pas fait vingt pas qu'il s'arrête de nouveau : une des fenêtres
qu'il n'avait cessé de regarder venait
de s'ouvrir ; quelqu'un s'était approché du balcon , et notre amoureux
avait promptement reconnu la fille du
marquis. Que va-t-il faire ? S'il descend de la colline , il ne verra plus
son Eugénie ; s'il reste à cette place ,

il ne pourra lui parler, car sa voix ne peut porter jusque là. Si quelque signal pouvait le faire remarquer..... A peine cette idée s'est-elle présentée à son esprit, qu'il casse une branche d'arbre au bout de laquelle il attache son mouchoir, qu'il agite dans l'air. Cette espèce de drapeau ne pouvait manquer d'attirer l'attention d'Eugénie.

— Eh, pourquoi cela ne pouvait-il manquer?.... — Ah! pourquoi..... C'est que.... mon cher lecteur, on voit bien que vous ne faites pas de romans.

Eugénie aperçut donc le mouchoir blanc; et comme il est naturel qu'une jeune fille soit curieuse, et que celle-ci l'était beaucoup, elle voulut savoir

ce que c'était que cette bannière. Elle
court chercher une longue vue, la bra-
que sur la colline, et malgré l'état de
faiblesse où elle est encore, elle fait
un saut de joie en reconnaissant le
bien-aimé. Puis agitant aussi son mouchoir, elle fait entendre au pauvre Jules
que son expédient a eu tout le succès
qu'il pouvait en attendre, et qu'elle
allait le seconder de tous ses efforts.
Aussitôt elle quitte le balcon, sonne
sa femme de chambre, et ordonne
que l'on fasse venir sur-le-champ le
père Ambroise, garde-chasse du marquis.

Le père Ambroise est un vieux soldat de l'armée de Sambre-et-Meuse,
qui a fait pendant dix ans la guerre

aux ennemis de la France; mais qui, arrivé à cet âge où la paix a tant de charmes, évite autant qu'il peut les querelles, et garde assez ordinairement la neutralité dans la guerre que les braconniers font aux lièvres de son patron ; ce qui lui attire quelquefois les reproches de ce dernier. Ce brave homme se rend bien volontiers près de sa jeune maîtresse ; elle est si bonne ! Ce n'est pas elle qui se plaindra de son indulgence ; elle prierait plutôt pour les délinquans ! Voilà ce que pensait le père Ambroise ; aussi ne fut-il pas médiocrement surpris lorsque Eugénie, s'efforçant de prendre un air sévère, lui dit : — C'est donc ainsi, M. Ambroise, que vous remplissez vos devoirs?... N'est-il pas affreux que nos propriétés soient dévastées sous nos yeux, sans que vous ayez seulement l'air de vous en douter?

— Permettez, mademoiselle ; vous dites que les propriétés.. ....

— Oui, M. Ambroise ; je dis que ce n'est pas sans raison que l'on se plaint de votre négligence, puisque vous restez tranquillement au château tandis que, de mon balcon, j'aperçois des braconniers qui chassent sur la pelouse.

— Des braconniers sur....

— Eh ! oui, oui..... Mais allez donc, M. Ambroise.... Arrêtez ces bandits.... Amenez-en seulement un, et j'oublie tout.... Vous m'entendez : seulement un, et loin que je me plaigne, vous pourrez, plus que jamais, compter sur ma protection : il suffira que l'on puisse faire un exemple.

Le vieux soldat ne comprend rien à cette fantaisie ; il ne conçoit pas qu'une si aimable demoiselle, qui a tant de fois intercédé pour les maraudeurs, montre aujourd'hui tant de sévérité ; mais il n'en jure pas moins qu'il amenera mort ou vif l'un des audacieux qui lui valent cette mercuriale, à laquelle il était si loin de s'attendre.

Le sang remonte à son front qui grisonne.

En un instant il a jeté sa bandoulière sur son épaule ; il saisit d'un

poignet encore vert son fusil à deux
coups, et la colère lui rendant presque
l'agilité de son jeune âge, il court à
la recherche de l'ennemi.

Cependant, ne pouvant se résoudre à perdre de vue les fenêtres de sa
jeune amie, et espérant qu'elle trou-
verait le moyen de lui faire parvenir
quelque avis, Jules, toujours armé
de la branche d'arbre qui l'a si bien
servi, se dispose à s'asseoir ; en ce
moment, Ambroise qui a couru à
perdre haleine, et qui n'a point ren-
contré de braconnier, aperçoit notre
héros.—Rends-toi, coquin, lui crie-t-il.

— Vous vous trompez, mon brave,
ce n'est pas moi que vous cherchez.

— Pas de raisons ! bas les armes ,
ou....

— Eh ! de quelles armes parlez-
vous ? je n'en ai point.

— Ah ! tu ne veux pas te rendre !...

Et le père Ambroise dont le coup
d'œil n'est pas sûr , et qui prend un
bâton pour un fusil , couche en joue
notre échappé du séminaire , et se
dispose à le traiter comme les braconniers traitaient les lièvres du marquis,
car il a juré d'amener le maraudeur
mort ou vif, et il est homme à tenir
parole.

Jules commence à trouver la plaisanterie fort mauvaise, et il est forte-
ment tenté d'envoyer au diable le
malencontreux garde-chasse, car la

patience n'est pas la qualité qui le distingue ; mais Ambroise, qui n'est plus qu'à quinze pas de lui, et qui le tient toujours en joue, menace de faire feu , et il est très-dangereux d'envoyer promener un homme qui parle sur ce ton-là. Jules le sent. Il jette donc le bâton que le garde s'obstinait à prendre pour une arme à feu.

— Suivez-moi, dit Ambroise.

— Où cela ?

— Chez M. le marquis, propriétaire de ce terrain, et qui plus est maire de la commune...... Ah ! mon drôle, vous vous jouez à un homme de ce calibre-là.... et vous vous imaginez qu'un grenadier de Sambre-et-

Meuse est un lapin à manger sa consigne !....

Jules n'est pas tranquille sur les suites de cette aventure ; car il lui paraît difficile d'éviter une explication avec le marquis ; et ce n'est pas pour cela qu'il a marché toute la nuit. Mais le marquis n'est pas au château ; en attendant qu'il y rentre, il pourra peut-être trouver l'occasion de voir Eugénie, et c'est uniquement pour cela qu'il est venu. Voir, entendre l'aimable enfant dont il est si tendrement aimé ; prendre un baiser, deux, peut-être.... cela n'est-il pas capable de faire mépriser toutes les tribulations imaginables ? Aussi, à peine Jules a-t-il fait cette réflexion qu'il double le pas , et paraît plus pressé d'arriver que le garde lui-même.

—Doucement, doucement , mon gas!..... Ventre dieu! quel jarret!.... on dirait qu'il court à l'assaut. Voilà pourtant comme j'étais en 92..... Mais , comme disent les chansons , la *gloire* et la *victoire......* la *patrie......* *chérie*, et puis les *lauriers* des *guerriers* avec les *fêtes* et les *conquêtes ,* tout ça ne laisse pas de vous travailler joliment!.... Allons , halte à la tête!.... A la bonne heure. Maintenant partons du pied gauche... On dirait qu'il est content d'être prisonnier , le camarade.

— C'est que je n'ai rien à craindre.

— Ouais !..... Ça n'empêche pas, mon fils, que je vas vous coucher par écrit un procès-verbal rudement salé... Et, en attendant, donnez-vous la peine d'entrer....

— Quoi ! vous voulez....

— Faites pas attention si je vous conduis à la cave.... c'est seulement pour prendre le frais, en attendant que M. le marquis soit revenu. Pour le moment je vais aller raconter à notre jeune demoiselle comme quoi, étant sensible au reproche, j'ai empoigné l'individu en flagrant délit.

Jules se disposait à résister ; mais les dernières paroles du garde furent pour lui un trait de lumière : il devina que son Eugénie n'était pas étran-

gère à cette scène, et il se laissa enfermer de la meilleure grâce du monde
dans le caveau que le père Ambroise
avait choisi pour prison.

— L'affaire est faite, mademoiselle,
dit le bon homme en entrant chez sa
jeune maîtresse.

— Eh bien ?....

— Eh bien ! le brigand est pincé,
et voilà !....

— Le brigand ?

— Oui, mademoiselle, lui-même,
si vous voulez bien le permettre ; celui qui, sans respect pour les propriétés, avait le toupet de chasser, à
votre barbe, les lièvres de M. le marquis.

— Vous l'avez arrêté ?

— Ni plus, ni moins. Il a d'abord voulu faire rébellion ; mais voyant qu'il n'avait pas affaire à un conscrit, il s'est rendu.

— Et qu'en avez-vous fait ?

— Oh ! soyez tranquille, il est en lieu de sûreté.... au cachot.

— Au cachot !

— Comme j'ai l'honneur de vous le dire.... Mais il semblerait que vous en êtes fâchée à cette heure ?

— Qui vous a parlé de cachot, monsieur Ambroise ?.... n'ai-je pas pu me tromper ?.... N'est-il pas possible que cet homme soit innocent ?... Au cachot !..... mais allez donc, M. Ambroise, courez tirer ce pauvre jeune homme de sa prison... amenez-le dans le salon.... je veux lui parler, l'interroger....

— Mais, mademoiselle, permettez....

— Obéissez, M. Ambroise.

— C'est étonnant, disait le vieux soldat en se dirigeant vers le caveau où il avait enfermé son prisonnier; on aurait juré qu'elle voulait le pendre, il y a un quart d'heure, et voilà maintenant qu'elle craint qu'il ne s'enrhume... Comme c'est drôle, les femmes!.... ça a dix volontés à la fois; ça veut et en même temps ça ne veut pas... Ma foi! qu'elle en fasse ce qu'elle voudra, j'ai bien assez de rédiger mon procès-verbal ; le reste ne me regarde pas.

Et là-dessus Ambroise transféra le prisonnier de la cave au salon, où il le laissa, et où Eugénie se rendit aussitôt.

— Mon ami !....

— Ma chère Eugénie !....

— Quel bonheur !

— Que je suis heureux !.... votre père....

— Hélas !....

On se dit encore une foule d'autres choses tout aussi intéressantes ; cette belle conversation durait depuis un quart d'heure ; on avait beaucoup parlé sans se rien dire, et cela aurait duré certainement plus long-temps, attendu que les amans ne se lassent jamais de n'avoir pas le sens commun.

Mais il arriva que, au plus fort de l'entretien, le bruit d'une voiture se fit entendre.

— Ah! Dieu!.... mon père! s'écrie Eugénie.

En effet, c'était le marquis qui, ayant appris par quelques paysans que son garde avait arrêté un braconnier, était revenu sur ses pas pour prendre connaissance de cette affaire. Jules se lève précipitamment, il s'élance vers la porte; mais au même instant elle s'ouvre et M. de Rinanval paraît.

— Vous ici! monsieur? s'écrie-t-il.

— Moi-même, M. le marquis. Cela ne devrait pas vous paraître si extraordinaire.

—Eh quoi! après avoir mis le trouble dans mon intérieur, après m'avoir enlevé le cœur de ma fille , pouvais-je présumer que vous pousseriez l'audace........ Il est des lois , monsieur, et puisque vous m'y forcez, je saurai....

—Oui , monsieur le marquis , il est des lois; mais l'honneur est la première de toutes , et c'est ce qu'un homme comme vous ne devrait jamais oublier. J'ai, dites-vous, jeté le trouble dans votre famille.... Eh ! n'est-ce pas vous qui m'avez arraché à la mienne , à mes études, à l'avenir qui m'attendait ?... Si j'aime, si j'adore Eugénie ; si cet amour doit faire le malheur de ma vie, à qui le dois-je ?.... Long-temps abusé par votre

silence hypocrite , je me suis aban-
donné aux douces illusions de l'espérance..... Et c'est après m'avoir tourné
le poignard dans le cœur que vous
osez vous plaindre !...

. — Jeune homme , vous oubliez....

—Non, monsieur, je n'oublie point
que je ne suis que le fils d'un honnête
artisan, incapable d'une mauvaise ac-
tion,.... Vous pâlissez...... Qu'ai-je à
craindre de votre colère? vous ne pouvez rendre mon malheur plus grand....
Et vous osez parler de lois.... Et vous
menacez........ Marquis ! je donnerais
la moitié de ma vie pour que vous ne
fussiez pas le père d'Eugénie!...

Ici le visage du jeune homme prit
une expression extraordinaire; on

eût dit que son regard enflammé allait foudroyer M. de Rinanval : un tremblement convulsif le saisit, il fit un pas vers le père d'Eugénie : la jeune fille effrayée se jeta entre eux.

— Au nom de Dieu! s'écria-t-elle, Jules, mon cher Jules, retirez-vous!..... Votre amour m'a rendu la vie ; ne me faites pas mourir de remords!...

—Donnez donc promptement à vos gens l'ordre de me laisser sortir, dit le jeune homme.

Le marquis ne répondit point; mais il sonna avec violence, et dit au domestique qui parut : — Qu'on laisse sortir monsieur.

Et notre séminariste s'éloigna rapidement du séjour qui renfermait ce

qu'il avait de plus cher au monde ,
sans que l'espoir d'un avenir plus heureux vînt diminuer l'amertume de ses
chagrins.

CHAPITRE VIII.

Jacques.—Le père noble.—Juliette.

Jules était déjà loin du château de Bisecourt lorsque la fatigue le força de s'arrêter, et ce fut seulement alors qu'il parvint à mettre un peu d'ordre dans ses idées. — Où vais-je? se dit-il.... A Paris?.... Qu'y faire? Me recevrait-on au séminaire?... Et alors même qu'on m'y recevrait, suis-je maintenant capable de continuer mes études? Ce fatal amour n'a-t-il pas anéanti toutes les espérances de mes pauvres parens?.... Oserai-je me présenter devant eux ?

Outre que ces réflexions, pour être tardives n'en étaient pas plus gaies, elles vaient encore l'inconvénient de ne emédier à rien, et elles n'empêchèrent ras que Jules sentît bientôt qu'il n'avait rien mangé depuis vingt-quatre heures. Les réclamations de son estomac devinrent tout-à-coup si pressantes qu'il ne put s'occuper d'autre chose, et s'étant levé, il se disposait à gagner promptement le prochain village, lorsqu'il aperçut deux jeunes gens qui, le paquet au bout d'un bâton, cheminaient gaîment : ils chantaient, et Jules crut reconnaître la voix de l'un d'eux. Il s'assura bientôt qu'il ne s'était pas trompé : c'était Boisjoli , autrement dit M. Jacques, et un autre personnage à peu près du même genre.

—Eh! c'est l'ami Jules, s'écria le fils de la mère Benoît. Ah ça, tu as donc brûlé la politesse aux révérends?... Eh bien, mon garçon , je t'en fais mon compliment!

— Il n'y a pas de quoi, mon ami.

— Au contraire, au contraire !.... Dis donc, Saint-Almin, ne trouves-tu pas que ce gaillard-là est taillé pour faire les pères nobles?

— Trève de plaisanterie, dit Jules.

— Ah! il croit que je plaisante! Erreur, mon ami, erreur! Maintenant que j'ai de l'expérience, il ne me faut qu'un coup d'œil pour voir bien des choses. Voilà pourquoi je devine tout de suite que tu viens de faire quelque grosse sottise.

— Hélas!...

—Hélas!... Comme c'est ça!... Hélas!.... Dis donc, Saint-Almin, c'est du grand trottoir, ça?... Je devine encore que ce qui t'embarrasse le plus c'est l'obligation où tu es de retourner chez tes parens ?

— J'en conviens.

— Et c'est bien naturel ; avec ça que les parens sont si drôles, au jour d'aujourd'hui.... Dieu! sont-ils drôles, les parens!... N'est-ce pas, Saint-Almin qu'ils sont drôles ?... On dirait

qu'ils se sont fait faire exprès pour in-
quisitionner la jeunesse.

— Je n'ai pas à me plaindre des
miens.

— A la bonne heure, tu ne te plains
pas, parce que tu es un jeune homme
à grands sentimens ; mais, comme je
disais tout à l'heure, ça ne t'empêche
pas de faire des sottises , et malheu-
reusement les parens ont la manie de
ne pas aimer ça ; ce qui fait que , vu
tes dispositions naturelles, et attendu
qu'il manque un père noble à la
troupe......

— Mon ami, si tu veux que je com-
prenne quelque chose à ce que tu dis,
il est indispensable que tu t'expliques
plus clairement.

— Voici le fait, Jules ; tel que tu me vois, j'ai fait de fameux progrès depuis six mois. Voyant que j'étais devenu la coqueluche de la rue du Paradis , je résolus de me lancer , et comme ma réputation avait déjà fait du bruit, je fus reçu d'emblée chez Seveste... Ah! mon ami, quel mal il faut se donner pour aller à la gloire par la barrière des Martyrs !.. Il m'est arrivé dans la même soirée de jouer la tragédie au Mont-Parnasse , le mélodrame à la barrière Rochechouart, et le vaudeville à Saint-Cloud , encore le directeur ne voulait-il pas payer les courses de fiacres. Enfin, mon ami , c'était un véritable métier de cheval. J'étais sur les dents lorsque je fis la

connaissance d'un honnête directeur
qui exploite une partie de la Norman-
die : sa troupe joue aujourd'hui à Louviers, demain à Vernon, et le jour
suivant à Gisors ; mais au moins il
paie les pataches, et le dîner à table
d'hôte. Ces considérations importan-
tes, jointes à des appointemens raisonnables, nous ont décidés, Saint
Almin et moi, à nous engager pour
l'année. Dans sa dernière lettre, notre
directeur nous priait de lui déterrer
un père noble ; mais, outre que les
talens ne sont pas communs cette année, nous étions trop pressés de partir pour nous occuper de cela. J'espère maintenant que tu m'entends?
Décide-toi : tu seras avec de bons en-

fans ; sans compter que tu retrouveras
là Juliette, tes premières amours........
C'est une bonne fille , parole d'honneur!... mais il te faut du sentiment
à toi !....

Malgré tous les avantages que Jacques faisait valoir, Jules hésitait encore ; mais comme il est impossible
qu'une grande faute ne soit pas ordinairement suivie de plusieurs autres,
il finit par croire qu'il n'avait pas de
plus sage parti à prendre que d'ac-
cepter la proposition qui lui était faite.
Il fit cependant encore quelques ob-
jections : il ne savait aucun rôle ; il
n'avait jamais monté sur le théâtre
qu'au collége ; et enfin il n'avait point
de garde-robe. Mais Jacques leva toutes

ces difficultés. — De garde-robe, dit-
il en montrant le léger paquet qu'il
portait sur l'épaule, regarde, je n'en
ai pas plus que toi ; le directeur y
pourvoira. On te donnera quelques
jours pour te faire un commencement
de répertoire ; et puis, un garçon
comme toi doit avoir une mémoire
d'ange... Allons, mon ami, en route :
nous dînerons au prochain village, et
nous serons à Gisors avant la fin du
jour.

On se remit donc en marche, et la
tristesse de Jules ne laissa pas, pendant le reste du jour, de contraster
singulièrement avec la gaîté de ses
compagnons. Il faisait nuit lorsque
nos artistes voyageurs arrivèrent à

leur destination ; ils se rendirent aussitôt à l'auberge de la troupe, où ils
trouvèrent le directeur à table au
milieu de ses artistes.—Mesdames et
messieurs, dit Jacques, permettez-
moi de vous présenter un père noble
comme il n'y en a pas, et qui, j'en
suis sûr, fera grand honneur à M. le
directeur.

Chacun se leva pour saluer les nouveaux venus. Le père noble de fraîche
date fut particulièrement l'objet des
politesses de ces dames. Mais à peine
la maligne Juliette l'eut-elle aperçu
qu'elle s'écria : — Tiens ! c'est l'abbé
Bertrand !....

— Un abbé ! s'écrièrent à leur tour
tous les convives, un abbé !...

Et des éclats de rire firent pendant dix minutes retentir la modeste salle à manger.

— Messieurs, dit Jacques quand il put se faire entendre, Juliette est une farceuse qui vous met dedans : il est vrai que mon ami que voilà a passé près d'un an au séminaire; mais ça n'a jamais empêché les sentimens, et Juliette pourrait bien vous en toucher deux mots, car dans ce temps-là il était en pied.... et voilà !...

— Tu vas trop loin, Boisjoli, dit Jules. Mademoiselle n'a jamais aimé les abbés, elle a trop peur des sermons pour cela.

Cette plaisanterie donna bonne opinion du nouveau camarade, et les

conventions furent faites le soir même
entre lui et le directeur. Il fut décidé
que Jules débuterait la semaine suivante dans le mélodrame, et dès le
lendemain ce prochain début fut an-
noncé sur l'affiche. Jules, persuadé
qu'ayant renoncé à la carrière ecclésiastique il n'avait rien de mieux à
faire que de monter sur les planches
le plus tôt possible, étudia avec autant d'ardeur que s'il se fût agi d'arriver aux honneurs et aux dignités
qu'il avait rêvées avant d'être amoureux. En attendant le jour de son
premier début, il assistait chaque
jour aux représentations que donnait
la troupe dont il faisait partie, et malgré sa modestie, il ne tarda pas à être

persuadé qu'il lui serait facile d'éclip-
ser les plus forts de ses camarades.

C'est surtout dans les petites villes
que l'industrie administrative est ad-
mirable, et sous ce rapport M. le
maire de Gisors ne le cède à personne:
d'un ancien couvent de Carmélites il
a trouvé le moyen de faire l'hôtel de
la mairie, le tribunal de la justice de
paix, la caserne de la gendarmerie,
une prison, un arsenal, un entrepôt,
une maison de charité, une salle de
bal et une salle de spectacle, lesquelles
sont formées de l'église et de la sa-
cristie du couvent.

Si ces chastes filles du Seigneur re-
venaient parmi les vivans, quelle serait leur surprise d'entendre quelques

dignes émules de Petit-Jean argu-
menter dans leur réfectoire, et des
voix discordantes brailler le vaudeville dans le lieu saint qui pendant
tant d'années ne retentit que de leurs
voix mélodieuses et de leurs pieux
cantiques !... Mais les morts ne re-
viennent pas ; M. le maire, qui est un
esprit fort, est persuadé de cela, et
c'est toujours avec sa permission qu'on
fait grimacer Melpomène et Thalie
sur les planches de la communauté.
C'était sur ce théâtre que notre séminariste devait faire ses premières armes ; c'était là que, à dix-huit ans,
au moyen d'une perruque et de quelques rides au charbon ; il devait en-
chanter les habitans du Vexin nor-

mand, bonnes gens de leur naturel,
et qui admirent de la meilleure foi
du monde ce qu'ils ne peuvent comprendre.... Oh ! bon homme de pu-
blic !...

Que l'on dise, que l'on répète sans
cesse que l'absence de l'objet aimé est
l'aliment des grandes passions, je le
veux bien; mais il ne faut pas trop
généraliser; il arrive souvent aussi
qu'en amour les absens ont tort, et
la preuve de cela c'est que Jules, bien
que pensant toujours à son Eugénie,
n'avait pu voir Juliette sans que la
gentillesse de celle-ci ne réveillât en
lui quelques étincelles du feu mal
éteint qu'elle avait autrefois allumé.

Toutefois notre amoureux, qui

commençait à se former, traita cette
fois les choses plus légèrement, et s'il
fut infidèle, ce ne fut qu'une infidé-
lité de circonstance. Juliette, au contraire, malgré sa légèreté, prit cette
fois les choses au sérieux ; son amour
devint peu à peu une passion violente
qu'il lui fut impossible de maîtriser;
la pauvre enfant ne pouvait se faire
illusion sur la nature des sentimens
qu'elle inspirait maintenant à notre
héros, et elle regrettait amèrement le
temps où elle avait régné en despote
sur le cœur du jeune homme. Juliette
ne manquait point de talent ; elle
était jeune, et pouvait en acquérir
davantage ; Jules lui avait quelquefois
témoigné le désir de la voir se livrer

à l'étude ; il n'en fallut pas davantage
pour qu'elle travaillât avec ardeur afin
d'acquérir ce qui lui manquait. Ses
progrès furent aussi rapides que son
amour était violent. Les couronnes
pleuvaient sur le théâtre, ce qui ne
prouve pas grand'chose ; les poètes
de la province entassaient les madri-
gaux dans le journal du département,
et les fashionables provinciaux bri-
guaient les faveurs de l'adorable Juliette, qui, pour leur malheur, était
devenue un modèle de fidélité, tant
il est vrai que l'amour opère des pro-
diges.

Jules aussi avait des succès ; ses
débuts avaient attiré tous les gentil-
lâtres des environs, lesquels avaient

déclaré que notre échappé de séminaire deviendrait un grand comédien; or, comme il est certain que des hoberaux ne quittant presque point leur village et chassant au renard depuis le premier janvier jusqu'à la saint Sylvestre, comme il est certain, dis-je, que ces gens-là sont juges compétens en fait de beaux-arts, force fut bien à Jules de croire qu'il était devenu l'aigle de la troupe. Chaque soir la cour des Carmélites se garnissait des carrioles d'osier des nobles et féaux des environs; les recettes étaient superbes, et le directeur enchanté bénissait le destin qui lui avait envoyé des artistes d'un si grand mérite.

Cependant, comme on se fatigue

de tout, voire même d'admirer un père noble de dix-huit ans jouer *les Ruines de Babylone* sur un théâtre de six pieds carré., l'enthousiasme des amateurs commença à se refroidir vers la fin de la première quinzaine, et bientôt la troupe monta en patache pour aller à Louviers faire une nouvelle moisson de bravos et de petits écus.

Ce serait peut-être ici le cas de faire quelques bonnes et longues réflexions sur les illusions de la jeunesse et la nécessité d'apprendre de bonne heure à vaincre ses passions ; mais, outre que cela n'est pas précisément amusant, nous avons remarqué que, en dépit des milliers de volumes écrits sur ce sujet, les jeunes gens n'ont pas cessé de faire des folies, et cela n'est pas du tout encourageant. C'est pourquoi, au lieu de faire de la morale, nous allons suivre nos artistes voyageurs, qui pour avoir l'humeur gaie et les mœurs faciles ne s'en portent pas plus mal.

Chemin faisant, ces messieurs et ces dames s'entretenaient de leurs succès ; c'étaient des éloges, des complimens à perte de vue, et Jules, comme on le pense bien, ne fut pas oublié dans cette distribution générale et réciproque. —Voilà pourtant mon ouvrage, dit Jacques : sans moi, sans la force de mon éloquence, notre père noble lirait maintenant son bréviaire, et la France aurait un grand

artiste de moins !... Ça serait dommage tout de même, car ce cadet-là
était taillé pour monter sur les planches... Faut pas faire la grimace pour
ça, Jules... Est-il drôle! on dirait que
ça le vexe d'être un quelqu'un cé-
lèbre.... Je sais bien que tu n'es pas
encore un artiste consommé ; mais
c'est ta faute : si tu avais voulu me
croire, rue du Paradis, il ne te man-
querait rien aujourd'hui ; tu aurais
un *chic* tapé.... comme moi, par
exemple.... Dans mes rôles de hus-
sards.... quand je m'appuie d'une
main sur le bancal, tandis que de
l'autre je retrousse mes moustaches...
comme c'est ça, heim?... Et les Crispin, donc!..... comme ça me va les

Crispin !.... Mais on n'arrive pas là
tout d'un coup.... Il faut rouler avant
que.... A propos de rouler, il me
semble que nous ne roulons guère
vite depuis ce matin... Voilà le soleil
qui se couche.... et ces diables de
banquettes, qui sont plus dures que
celles du parterre.... Eh! conducteur,
est-ce que nous ne sommes pas bientôt arrivés?

— Encore six petites lieues.

— Six lieues ! s'écrient tous les
voyageurs.

— Dame! voyez-vous, c'est pas
comme à la comédie, ous qu'on fait
parfois cinquante lieues à l'heure....
Mes chevaux n'en peuvent plus, ces
pauvres bêtes!... c'est fièrement dur,

les traverses !...... sans compter la charge....

Jacques allait répliquer, et les dames se disposaient à jeter les hauts cris ; mais un choc épouvantable coupa, pour un instant, la parole à tout le monde.

— Chienne d'ornière ! cria le conducteur, ma roue est cassée !.....

Et à ce cri de détresse, voyageurs et voyageuses s'élancèrent hors de la malencontreuse patache.

FIN DU PREMIER VOLUME.

TABLE DES CHAPITRES.

TOME I.

	Page
Chapitre I.—Repas de famille. — La culotte de peau.	1
Chapitre II.—Le révérend. — La rue du Paradis.	30
Chapitre III.—Premières amours.	52
Chapitre IV.—Folie et sagesse.	80
Chapitre V.—La jeune vierge. — Amour et vanité.—Rupture.	99
Chapitre VI.—Chagrin.—Espoir.—Départ.	123
Chapitre VII.—Voyage.—Le garde-chasse.	143
Chapitre VIII.—Jacques.—Le père noble.— Juliette.	167

OUVRAGES NOUVEAUX.

MÉMOIRES SECRETS SUR Mgr L'AR-CHEVÊQUE DE PARIS, ou Adresse au Corps épiscopal de l'Église de France et à Sa Sainteté, pour demander sa déposition; par l'abbé Paganel. 1 vol. in-8.　　　7 fr.

GRAND DICTIONNAIRE DES PE-TITS HOMMES DE 1831; par un des-cendant de Rivarol. in-32. Prix,　　75 c.

MÉMOIRES ET SOUVENIRS D'UN PAIR DE FRANCE, tomes 3 et 4. 15 fr. Les 4 volumes sont en vente.

MÉMOIRES DE VIDOCQ, 4 vol. in-8.　　　　　　　30 fr.

LA COURTISANE DE PARIS, par De-bast. 4 vol. in-12.　　　　　　12 fr.

LA TÊTE NOIRE, par Debast. 4 vol. in-12.　　　　　　　　　12 fr.

LA FIGURANTE, roman de mœurs, par Fleury. 4 vol. in-12.　　　　12 fr.

L'HOMME A LA LONGUE BARBE DU PALAIS-ROYAL. Précis sur la vie et les aventures de Chodruc Duclos, suivi de ses lettres. in-8. portrait et fac-simile. 1 fr.

Sous presse :

LE CAMISARD, par Dinocourt, auteur du Faux monnayeur, de Mozanino, etc. 2ᵉ édi-tion. 4 vol. in-12. fig.　　　　14 fr.

LE MARQUIS DE LA RAPIÈRE, par Raban. 2 vol. in-12.　　　　　6 fr.

VALÉRIE, ou l'Héroïsme de l'Amitié, par Mlle Husson, jeune aveugle. 4 vol. in-12.　　　　　　　　　12 fr.